KB213698

지방소멸은 없다

지방소멸은 없다

농어촌기본소득이 만드는 변화

발행일 2024년 1월 15일(초판1쇄)

지은이 이재욱
펴낸이 최병천
펴낸곳 밀알북스(신앙과지성사)

출판등록 제9-136 (88. 1. 13)
주소 | 서울시 서대문구 연희로 177 옥산빌딩 2층
전화 | 335-6579·323-9867
팩스 | 323-9866
E-mail | miral87@hanmail.net
홈페이지 | http://www.miral.co.kr

ISBN 978-89-6907-327-3   03230

값 15,000원

※ **밀알북스**는 신앙과지성사의 자매 브랜드입니다.

지방소멸은 없다

농어촌기본소득이 만드는 변화

이재욱 지음

신앙과지성사

농촌은 뿌리요, 도시는 꽃이다?

오래 전부터 농민운동, 농촌운동, 농권운동을 하던 사람들이 쓰던 말이다. 또 정치권이나 애농(愛農)을 하는 척 위장하던 사람들도 즐겨 썼다. 농촌은 뿌리요, 도시는 꽃이라고.

농 관련 운동 하던 사람들에게는 저 말이 농업 운동을 하는 것에 대한 자부심과 위로가 되었을라나? 정치인이나 애농 호소인들에게 저 말은 자기도 농업과 농촌을 위한다고 포장할 때나 농촌에 뭔가 기대고 부탁할 때 쓰는 말이다.

농촌은 뿌리고 도시가 꽃이라면 농촌은 다 죽어가는데 왜 도시는 더 화려한 꽃을 피우는가?

농촌은 뿌리도 아니고 도시는 꽃도 아니다. 농촌은 질소 고정하여 자양분을 공급하는 콩과식물이고 도시는 기생식물이다. 농촌과 농업은 붕괴와 고사 직전이다. 우리나라 면(面)의 90% 이상이 인구 4천 명 이하이고 천 명도 안 되는 면이 빠른 속도로 늘어나고 있다.

수도권에 사는 사람들이 우리나라 전체 인구의 절반을 넘어섰다. 그런데 도시는 계속 화려한 꽃을 피우고 있다. 이제 농촌은 도시의 뿌리도 아니고 자양분을 공급하는 콩과식물도 아니다. 도시는 이미 농촌이 아닌 다른 곳에 빨대를 꽂고 기생하고 있다. 농촌을 버린다고 하면 부모나 고향을 버린 것 같은 패륜으로 낙인 찍히니 애농 호소인으로 위장하고 있는 것이다.

식량자급율은 40% 남짓, 곡물 자급율은 20%를 넘나든다. 이제 농사는 노인과 외국인 노동자들이 짓고 외국에서 수입하는 농산물, 소고기, 돼지고기, 닭고기, 생선으로 국민을 먹여 살리는 게 현실이다. 더 이상 '농촌은 뿌리…' 이런 사기성 농후한 거짓말은 그만하자. 정말 농촌을 위한다고 하면 이제 농촌에 사람이 살 수 있는 환경을 만들어야 한다.

그 동안 불균형 문제를 해소한답시고 수 조원의 돈을 쏟아부었지만 토목이나 건설에 집중하였고 토건업자, 컨설팅 업체 배만 불려주었다. 지방자치를 위한 제도개선도 꾸준히 추진되었지만 정치적 불균형도 해소 못 했고 주민들의 자치 역량도 성장하지 않았으며 공동체만 무너져 내렸다.

나는 이런 부조리하고 역효과만 나는 간접 지원 방식의 균형발전 정책을 그만두고 주민들에게 직접 돈을 주는 직접 지원 방식의 기본소득을 실행해야 한다고 생각한다.

이 책은 지난 3년 동안 주장하고 활동해 왔던 농어촌기본소득에 대한 이해를 넓히기 위해 썼다.

2023년 8월 22일에 전남 무안에서 '농어촌기본소득 전국대회'를 개최하였다. 여러 주제 발표자들이 농어촌기본소득의 이론과 방향에 대해 발표하였다. 그 때 발표된 자료를 농어촌기본소득 운동의 지침서로 활용하려 하였는데 의도한 만큼 자료 정리가 잘 되지 않아서 이 책을 쓰게 되었다.

농어촌기본소득은 농어촌에만 국한된 지원책이 아니다. 사실은 〈지방소멸 대응 기본소득〉이라고 하는 것이 맞다. 그런데 운동의 내용만큼 호칭도 중요하다. 농어촌기본소득은 기억하기 쉽고 전달하기 쉽다. 그런 면에서 괜찮은 이름이라 생각한다. 아무튼 천 명도 안 되는 작은 농촌 면과 양로원 마을로 변해가는 농촌을 되살리고 지방의 균형발전 정책으로 진화하는 과정에 이 책이 지침서가 되기를 바란다.

우리가 과거 농민운동을 할 때 농민들이 조직화되고 인간 대접 받고 농협이 민주화되고 권력이 농민회의 눈치를 볼 것이라 생각이나 했는가?

농어촌기본소득 역시 지금은 실현 가능성도 없어 보이고 뜻을 같이하는 활동가들도 적고 정치적으로 무시 당하는 운동이지만 머지않아 기어코 실현될 것이다. 아직 우리 힘은 작고 약하지만 이 길 말고는 농촌과 지방을 살릴 수 있는 다른 길이 없다고 생각하기에 농어촌기본소득을 농촌과 지방 회생의 심폐소생술이라 하는 것이다. 이 책이 '지방소멸'이란 말에 부정적인 분들이나 농어촌기본소득에 관심이 있는 분들과 실현을 위해 힘을 쏟는 활동가들에 이르기까지 두루 도움이 되면 좋겠다.

벌써 30여 년이 지났다. 춘천에서 최초로 유기농업을 시작하고 '방주공동체'라는 이름으로 춘천 시내의 소비자 회원들과 농산물 꾸러미를 나누던 시기에 농사짓는 일과 농사꾼이 바라보는 세상을 매주 소식지에 열심히 실어 배포했었다. 그때 썼던 글들을 모아 "나도 책 한 권 낼까?" 하고 아내에게 얘기한 적이 있다. 그때 아내 꽃샘은 "하루에도 수많은 책이 쏟아지는데 왜 당신이 또 보태냐"고 핀잔을 준 적이 있다. 그 말이 맞다 싶어 책 쓰는 걸 포기했었다. 그러나 이 책은 그런 책이 아니다. 목표와 지향이 분명하고 지금 꼭 필요한 책이라 생각해서 썼다. 그래도 아내가 뭐랄까 겁이 난다. 웃어줘, 여보!

끝으로 나의 감리교청년운동의 선배인 병천 형(최병천)이 한 길만 가면서 애써 온 밀알북스(신앙과지성사)에서 책이 출판 됨을 무엇보다 기쁘게 생각하면서 이 책이 많은 사람들에게 사랑받기를 기원한다.

2024. 1. 15.

이재욱

차례

참고자료

단숨에 읽는 농어촌기본소득
(10분 만에 마스터하는 농기소)

농어촌기본소득 이해의 압축판, 이 글만 읽어도 농어촌기본소득 abc는 뗸다.

농어촌기본소득은 기본소득 정책의 하나이다.

기본소득은 '국가나 지방정부가 모든 구성원 개개인에게 조건 없이 정기적으로 주는 돈'을 말한다.

기본소득의 5원칙이란 게 있다.

보편성, 개별성, 무조건성, 정기성, 현금성을 다섯 가지 원칙이라고 한다.

모든(보편성) 구성원 개개인에게(개별성) 조건 없이(무조건성) 정기적으로(정기성) 주는 돈(현금성)이다.

이 책은 이론서도 아니고 연구학술지도 아니다. 우리 농업과 농촌이 앞으로도 계속해서 유지되기 위해서 쓸 수 있는 카드가 별로 없는데 그 중 이것 저것 써보고 남은 카드가 농어촌기본소득이라고 생각하고 이걸 많은 사람들에게 알리고 같이 해보자 생각해서 쓴 실용 지침서이다.

■ 농업과 농촌 ■

오랫동안 농촌을 농업과 분리해서 생각하지 않았다.

'농업문제'라고 하면 농산물을 생산해서 국민들에게 제공하는 일로서의 농업뿐만 아니라 이를 생산하는 사람인 농민과 그들이 모여 사는 마을인 농촌을 포함한 문제였다.

'농업정책'이라는 것도 마찬가지로 농업뿐만 아니라 농민과 농촌의 정책을 포함한 것이었고 '농민운동'도 농사짓는 사람인 농민들의 권익만이 아니라 농업 문제, 농촌 문제, 그리고 국민들의 식량안전과 유통, 남북 농업협력 등 광범위한 영역을 포괄하는 개념이었다.

그런데 세월이 지나 국민들의 먹을거리에 대한 해외농산물의 의존도가 높아지면서 농업이 국가경제에서 차지하는 비중은 미미해지고, 농민들이 농촌을 떠나면서 숫자가 많이 줄어들었다. 농촌은 과거에는 농사짓는 농민들과 그 가족들이 사는 마을이었는데 이제는 농지가 근처에 있는 마을이 되었고 우리나라 농촌의 평균 농민 비중은 25% 안팎으로 비농민 가구가 훨씬 많이 살고 있다. 그래서 과거에 쓰던 농촌이라는 개념도 달라져야 할 지경이 되었다.

이제 농업과 농민과 농촌에 대한 정책을 분리해서 생각할 때가 되었다.

■ 기본소득과 농어촌기본소득 ■

기본소득은 모든 사람에게 최소한의 소비 수준을 유지할 수 있도록 소득을 지원해 주자는 것이다. 4차 산업혁명이 일어나면서 인공지능과 로봇이 사람이 하던 일을 대신하게 되었다. 일자리를 잃으면 소득이 없어지고 소비를 하지 못하게 된다. 그렇게 되면 컴퓨터와 인터넷, 로봇으로 생산한 상품을 팔 수가 없게 되어 회사는 성장할 수가 없게 되고 망할 수도 있다.

이런 이유로 4차 산업혁명의 수혜를 입은 테슬라의 CEO 일론 머스크나 페이스북 창업자인 마크 주커버그도 기본소득을 찬성하는 것이라 생각한다.

기본소득은 이재명 민주당 대통령 후보가 성남시장 시절 청년기본소득을 지급하면서 정치적 이슈가 되었다. 그러나 기본소득은 그보다 훨씬 이전인 18세기 토마스 페인에 의해 제기되었으며 우리나라에서는 2011년에 김종철 교수가 녹색평론에 소개하면서 알려지기 시작하였다.

기본소득을 시행한다면 어떻게 시작하느냐 하는 정책적 판단을 해야 하는데 '모든 국민에게 적은 돈을 주고 차차 늘려 지급하는 확대형'과 '농어촌 지역과 농민, 노인, 유아·청소년 등 지역과 부문에서 시작하는 확산형' 방식이 있다.

농어촌기본소득은 농어촌의 공동화, 고령화에 대응하기 위해 소멸 위험에 들어선 농어촌지역부터 기본소득을 시행하자는 것이다. 인구 4천 명 이하의 면 지역 농어촌 주민들에게 월 30만 원의 기본소득을 지원하면 1년에 약 11조 원이 필요하다. 여기에 포함되지 않는 농민들이 약 30만 명 정도 되는데 이들에게는 농민기본소득을 지급해서 소외되지 않도록 해야 한다. 이렇게 두 가지를 병행하면 총 12조 천억 원 정도의 예산으로 농어촌(농어민)기본소득을 지급할 수 있다.

여기에 만 명 이하의 읍지역까지 포함할 경우 약 17조 원이면 4백8십만여 명에게 매월 30만 원의 기본소득을 지급할 수 있다.

농어촌기본소득을 시행하면 주민들의 자존감 상승과 인구유입 효과 및 새로운 일자리 창출 등 정책효과도 크다. 또 작은 지역사회에서 지역화폐가 사용되면 승수효과도 나타나 지역 경제가 엄청나게 커질 것이다. 읍이나 동 지역의 중심 상권에서 영업하는 소상공인, 자영업자들의 매출은 크게 늘어날 것이다.

2020년 후반에 시작된 농어촌기본소득 운동은 지난 대선 시기에 잠시 큰 물결을 일으켰었다. 임실군에서, 영주시에서, 청송군에서, 강진군에서 장날마다 농어촌기본소득지지 서명과 캠페인이 벌

임실군본부는 홍보용 트럭뿐만 아니라 장터 입구에 서명대를 놓고 전체 임실군민의 10% 넘는 지지서명을 받았다.

어지고 점차 다른 지역으로 확대되었다. 진도군 주민들은 농어촌기본소득 조례 제정을 발의하여 군의회에 제출하였고 무안군 의회는 '농어촌기본소득 조례 제정을 위한 군민 토론회'를 개최하고의원 발의 조례를 준비하고 있다. 기독교 교단인 예수교 장로회 통합 측은 21년 11월에 '농어촌기본소득 예장연대'라는 조직을 만들어 농어촌기본소득 실현을 위한 운동을 함께 하고 있다. 22년 지방선거에 출마하는 기초의회 의원 후보자들과 단체장 후보들 다수가농어촌기본소득 실현을 선거공약으로 걸었다. 23년 3월에는 서울시 의회 의장을 포함한 전국 17개 시·도 의회 의장들이 「농촌기본소득 시행 촉구 건의문」을 낸 바 있다.

 지방 정치인들도 이제 농어촌기본소득이 지역 회생의 디딤돌이라는 생각을 하기 시작하였다. 또 농어민단체들도 농어촌기본소득에 관심을 가지게 되었다.

머지않아 농촌 지역 시·군의 소상공인들과 이장들, 그리고 지역 농협, 수협들도 이 운동에 동참할 것이다.

▪ 실현 가능성은 매우 높다 ▪

먼저 시·군에서 예산 일부를 아끼고 조정하고 순세계 잉여금 등 금고에 쌓여있는 지방자치단체의 불용 예산을 활용하면 시·군민들에게 매달 10만 원의 기본소득은 쉽게 가능하다. 중앙정부가 이런 시·군에 기본소득 지원 예산을 붙인다면 월 20만 원의 농어촌기본소득을 실현할 수 있다.

중앙정부가 인구감소 지역에 지원하는 매년 1조 원의 지방소멸대응기금을 지방자치단체가 기본소득 지급에 활용할 수 있도록 재정집행권을 허용한다면 지방소멸 위험지역의 기본소득 시행은 더 빨리 앞당겨질 것이다.

인구 1만 6천 명인 경북 영양군의 한해 예산이 3,000억 원 정도이니 군민 1인당 월 30만 원씩 지급하면 연간 612억 원이 소요된다. 영양군 예산의 약 20% 이다. 양양군의 최근 인구통계를 보니 2021년 기준으로 16,638명이었다. 2019년 8월에 비해 427명이 줄었다. 주민등록상 인구가 16,638명이지 실제 거주인구는 이보다 더 적을 것이다. 그럼에도 예산은 줄지 않기 때문에 영양군이

1인당 월 30만 원의 주민수당을 지급한다면 군예산의 20% 이하도 가능할 것이다. 이게 가능할까? 알 수 없는 일이다. 하지만 이제 이런 선택의 시간은 다가오고 있다. 농촌이 살아남고 주민이 살아남기 위해서는 이런 방법 말고는 달리 방법이 없다.

– 박경철 충남연구원 연구위원, 「녹색평론」, 2021.02.

경기도 연천군 청산면에서는 2022년 3월부터 경기도 농촌기본소득 시범사업으로 전 주민들에게 매월 15만 원의 '농촌기본소득'을 지급하고 있다.

전북의 어느 군이 군민기본소득 시범 시행을 위해 사업 설계를 하고 이의 시행을 위한 집행 계획을 중앙정부에 보고하니 기획재정부가 이걸 시행하면 교부금을 내려보내지 않겠다고 겁박하여 어마 뜨거라 하고 계획을 엎었다는 얘기도 들린다. 전국 시·도 의회 의장들은 「농촌기본소득 시행 촉구 건의문」을 대통령과 농식품부, 각 당 대표들에게 보냈다. 농식품부 장관은 사회적 합의가 선행되어야 한다며 수용 불가를 통보했다. 대중적 확산과 정치적 중심의제가 되어야 가능하다는 것이다.

인구 불균형과 세대 불균형이 심화되어 빠른 속도로 붕괴되어 가고 있는 경남·북, 전남·북, 충남·북, 강원·제주, 인천, 광주, 대구 등 광역시나 도의 시·군마다 농어촌기본소득 운동본부를 조직하고, 교육하고, 홍보하고, 서명하여 농어촌기본소득을 강력히 요구해야 한다.

전국의 도와 시군의회에서 농어촌기본소득 촉구 건의문이 채택되고 있다.

농어촌기본소득이 지방소멸의 최후 처방전이 될 수는 없지만 적어도 방지턱 역할은 할 수 있다. 초등학교 앞에는 어린이 보호구역이 있고 속도를 30㎞ 이하로 제한하고 있다. 방지턱을 설치하여 속도를 강제로 줄이도록 하고 있다. 안 줄이고 통과하면 차는 금방 망가진다. 농어촌기본소득은 이렇게 지방이 붕괴되는 속도를 줄이는 효과를 낼 수 있다. 그리고 농어촌으로 이주하려는 사람들을 위한 공공임대주택이라든가 지방에서 창업하려는 사람들을 위한 금융대출 등이 같이 시행된다면 지역 회생의 디딤돌이 될 것이다.

기본소득이란

    2022년 대선을 앞두고 농어촌기본소득에 대한 설명회를 다니면서 청중들에게 기본소득 하면 누가 생각나냐 하고 물어보면 대부분 "이재명"이라고 대답한다. 모든 사람이 동시에 이구동성으로 대답하지 않는다. 그저 한두 사람, 두어 사람이 마지못해 대답한다. 표정을 보면 '다 아는 걸 질문하냐?', '이재명이라고 대답을 유도하려는 거지?' 이런 표정들이다.

    그런데 이재명 당시 민주당 대선 후보(이하 이재명 후보)는 기본소득을 발명한 사람이 아니다.

    기본소득 개념을 처음 사회적으로 제기한 사람은 18세기 영국인 토마스 페인이다. 토마스 페인은 미국 독립운동의 논리적 근거와 프랑스혁명의 이론을 제공한 사람이다. 그가 세운 초기 기본소득 논리는 토지세를 통한 보편적 급여의 제공이었다.

    그가 생각한 기본소득 논리를 쉽게 정리하면

땅은 생산한 것이 아니라 원래 있던 것이다. 그 땅을 이용해 생산한 생산물은 생산한 사람의 소유가 될 수 있지만 땅은 모두의 것이다. 그러므로 땅을 이용한 대가를 공동체에 지불해야 한다. 또 생산물이 아무리 많더라도 그것을 사주는 사람이 없다면 그건 폐기될 수밖에 없다. 수 만 평의 땅을 가지고 농사를 지어 수천 톤의 농산물을 생산한다 하더라도 그것을 사는 사람이 없다면 자기가 먹는 것 말고는 모두 버려야 한다. 그러므로 사 주는 사람(사회 혹은 공동체)이 있어서 돈을 벌었다면 그 이익의 일부는 사회(공동체)에 환원해야 한다.

이 돈을 모든 사람이 나눈다면 「기본소득」이 되는 것이다.

기본소득(Basic Income)이란 국가 또는 지방정부가 모든 사회 구성원 개개인에게 소득이나 자산기준과 노동 등의 조건을 요구하지 않고 정기적으로 지급하는 현금 혹은 그에 상응하는 소득이다

기본소득의 다섯 가지 원칙

'보편성, 개별성, 무조건성, 정기성, 현금성'

이걸 좀 더 풀어쓰면

첫째, 모든 사람에게 준다. 예를 들어 대한민국 국민기본소득이라고 하면 대한민국 국민 모두에게 주고 경북 영양군민 기본소득이라고 하면 영양군민 모두에게 주는 것이다. 경기도 연천군 청산면은 모든 면민에게 농촌기본소득을 지급하고 있다.

둘째, 소득이나 재산, 노동능력 그 어떤 자격심사도 하지 않고 준다. 오늘 태어난 아이부터 머지않아 돌아가실 노인들까지 모두에게.

셋째, 가구나 세대주에게 주는 것이 아니라 개인에게 준다. 한 사람 한 사람 각각.

넷째, 일정한 기간마다 정기적으로 준다. 매달 혹은 3개월, 반년 혹은 매년.

다섯째, 현금으로 지급한다.

'일하지 않는 자는 먹지도 말라'는 격언이 있다. 유대 경전에 나오는 말이다. 고사성어에도 "一日不作, 一日不食"이라고 같은 뜻의 말이 있다. 그런데 모든 사람이 일하지는 않는다. 어린아이나 노인은 일하기 힘들다. 또 일자리를 찾는 구직자는 일하고 싶어도 일할 수 없다. 코로나 시기에는 많은 사람이 일자리를 잃었다. 또 가사노동 같은 집안일은 소득이 없다.

소득이 없어서 굶어 죽는 사람들도 있다.

2014년 2월에 송파구 석촌동에 살던 엄마와 두 딸이 생활고를 비관해 스스로 목숨을 끊은 일이 있었다. 또 2022년 8월에는 수원시 권선구에 살던 엄마와 두 딸이 굶어서 죽은 일도 있었다. 복지 사각지대에 있거나 일할 수 없는 사람들도 최소한의 생활을 유지하게 하기 위해 위의 다섯 가지 원칙을 적용한 기본소득이 주어져야 하는 이유이다.

기본소득 논의는 4차 산업혁명이 시작되면서 활발하게 전개되기 시작했다.

4차 산업 혁명이란 데이터 혁명이라고도 하는데 정보통신기술의 발달로 인공지능, 인터넷 기반 산업, 빅데이터, 플랫폼 산업, 자율주행 기능과 무인 운송수단이 보편화되고 로봇의 인간노동력 대체, 드론의 상용화 등의 발전이 이루어진다. 반면에 사람의 일자리가 줄어들 것이다. 사람이 하는 일은 고급 전문직과 로봇과 기계의 보조적인 역할로 양극화될 것이다. 또 일자리를 잃어 복지 혜택을 받아야 생계를 유지하는 사람도 늘어날 것이다. 이렇게 되면 가처분 소득[1]은 줄어들고 소비도 위축된다.

2차 대전이 끝나고 미국 경제가 고도성장을 하던 시기에 미국의 거대 자동차 회사인 제네럴 모터스(GMC)가 고용한 사람이 50만 명 정도 되었다고 한다.

그런데 21세기 4차 혁명 시대 - 세계 최대의 소셜 네트워크 서비스(SNS) 기업인 페이스북(FACE BOOK, 지금은 '메타'로 개명)은 엄청난 매출 규모에도 불구하고 고용 인원은 2만 5천 명밖에 안 된다고 한다.

상품을 생산하는 기업이 기계를 이용해 싸게 생산하고 인터넷을 이용해 저비용으로 공급한다고 하더라도 이를 이용하는 소비자가

---

1   개인이 자유롭게 쓸 수 있는 소득. 세금이나 채무, 이자 상환, 정기적금, 의무가입보험 등을 제외하고 마음대로 쓸 수 있는 돈, 가처분 소득이 늘어나면 구매력이 커지고 소비가 늘어난다.

없으면 유지할 수가 없다. 그래서 생존과 소비를 유지하는 데 필요한 기본소득은 4차 혁명 시대의 자연스런 진화라고 할 수 있다.

전기자동차와 자율주행 자동차를 만드는 테슬라의 최고경영자인 일런 머스크나 페이스북의 창업자인 마크 주커버그가 기본소득을 시행해야 한다고 주장하는 것은 자연스럽다.

코로나 팬데믹이 발생하여 많은 사람이 실직하고 거리로 내몰리던 시기에 프란치스코 교황도 기본소득이 필요하다고 역설했다.

앞으로 가계소득은 직접 일해서 버는 노동소득과 금융소득, 임대소득 등 시장소득과 기본소득으로 나누어질 것이다. 우리나라는 로봇의 보급률이 세계 1위라고 한다. 로봇의 나라라고 알려진 일본보다 두 배나 많단다. 그러니 기본소득도 세계에서 제일 먼저 시행하는 것 역시 자연스럽다.

기본소득은 우리나라가 선진국이 되는 과정에서 나타난 심한 부의 편중과 소득 불균형, 국토 불균형 문제를 해결하는 데 큰 역할을 할 것으로 생각한다.

그런 날이 하루빨리 오기를 기대한다.

농어촌 회생을 위한 사업과 결과

1970년대부터 시작된 수출주도형 경제성장정책은 값싼 노동력을 이용하여 가발이나 의류, 연장이나 간단한 전자제품들을 생산하여 수출하였다. 저임금 노동력을 유지하기 위해 농촌의 젊은이들을 계속해서 도시로, 수출공업단지로 끌어들였고 저비용 노동력을 유지하기 위해 이중 곡가제, 저농산물가격정책을 이어나갔다.

1990년대부터 우리 농촌은 마을이 비어 가고 태어나는 아이가 줄어들고 고령화되기 시작했다. 21세기 들어서며 소규모 학교는 통폐합되었고 저소득에 교육환경도 나빠져서 아이 가진 젊은 가정이 탈농을 하였다. 생활환경과 삶의 질은 저하되고 사람들은 도시로 빠져나가고 농어촌의 생활환경은 더 나빠지는 악순환의 고리에 빠져들었다.

정부는 농어촌을 살리기 위한 정책을 시행했다.

▪ 농촌마을 종합개발사업 ▪

대표적인 농촌 살리기 정책이 '권역별 농촌마을 종합개발사업'
이다. 이 사업은 『농림어업인의 삶의 질 향상 및 농산어촌지역 개
발촉진에 관한 특별법』에 근거하여 2004년부터 2017년까지 추진
되었다.

농촌 마을의 저출산, 공동화, 고령화가 국가균형발전의 위험요
인으로 논의되던 시기에 시작되어 의미가 있는 사업이었다. 사업
의 방식은 쇠퇴해 가는 농촌마을을 살리기 위해 이웃한 여러 마을
을 하나의 권역으로 묶어 수십억 - 70억 원이 넘는 경우까지 지원해
서 농촌 마을의 경관을 개선하거나 주민소득 기반 시설을 확충하
는 등으로 진행되었다.

▪ 권역별 관광개발사업과 농어촌 관광휴양단지사업과 관광농원사업 ▪

마을의 인구가 줄어들고 출생이나 향촌(向村) 등 새로운 인구유
입은 없는 상태에서 방문인구라도 늘려 소득원을 늘려보자는 취지
로 시작된 사업이 농촌 관광 체험 사업이다.

'권역별 관광개발사업'은 관광진흥법 제49조 제2항에 따라 시
도지사는 기본계획을 세우고 구분된 권역을 대상으로 권역별 관광
개발계획을 수립하도록 하고 있다.

도시민에게는 휴식, 휴양과 새로운 체험 공간을 제공하고 농촌

에는 농산물 판매(1차), 가공산업(2차), 숙박 및 음식, 서비스(3차) 등의 사업 - 묶어서 6차 산업이라고 하는데 농가, 혹은 농촌마을에서 이들 세 가지의 산업을 병행해서 소득원을 확대하는 지역 활성화 사업이다.

'농어촌 관광휴양단지사업'과 '관광농원사업'은 농어촌정비법에 따라 시행한 사업이다.

농어촌의 쾌적한 자연환경과 농어촌 특산물 등을 활용하여 전시관, 학습관, 지역 특산물 판매시설, 체육시설, 청소년 수련시설, 휴양 시설 등을 갖추고 이용하게 하거나 숙박시설과 음식 등을 제공하는 사업이다.

『도시와 농어촌 간의 교류촉진에 관한 법률』에 의한 '농촌체험·휴양마을사업'이다. 한국농어촌공사가 주관하며, 2021년 말 기준 1,175개소에서 지정·운영되고 있다. 농촌체험·휴양마을이란 마을협의회, 또는 어촌계가 마을의 자연환경, 전통문화 등 부존자원을 활용하여 도시민에게 생활체험 프로그램을 제공하고, 지역 농림수산물 등을 판매하거나 음식, 또는 숙박 등의 서비스를 제공하는 사업이다.

그 밖에 강원도에서 1998년부터 역점사업으로 추진한 새농어촌 건설운동도 있다. 선정된 마을에 5억 원의 사업비를 지원하였다.

2022년에 끝난 농촌 신활력플러스 사업은 2018년 시작된 사업으로, 이 사업은 농촌문제를 해결할 주체를 양성한다는 긍정적인

농촌 신활력 플러스 사업이란?

농촌지역 유·무형의 자원과 민간 조직을 활용하여
지역의 특화산업 육성, 일자리 창출, 참여주체 역량강화,
공동체 활성화, 지역주민 공익증대 등 농촌에 새로운
활력을 불어넣고 자립적·지속적 성장이 가능하도록
만드는 것을 목표로 하는 사업입니다.

key word

농촌
활력 + 일자리
창출 + 지속적
성장

목표가 있었다. 이 사업을 통해 지역사회 문제를 해결하는 1,500여 개의 액션조직이 발굴됐고, 행정과 이들을 연결하는 중간 지원조직(추진단)도 많이 만들어졌다. 구자인 마을연구소 일소공도협동조합 소장은 "신활력플러스사업을 통한 4년간의 지원이 끝나도 이들이 농촌의 핵심 주체로 유지되는 게 중요하다", "농촌사회서비스법의 테두리에 이들을 활용·지원할 방법을 고민해야 한다"고 하였지만 이 사업이 추진되는 기간 동안 농식품부에 설치한 중앙계획지원단은 두 번밖에 열리지 않았다. 또 매년 모니터링을 하도록 되어 있으나 이를 시행하지 않았고 보고서도 나온 것이 없다. 신활력 플러스 사업이 긍정적인 목표를 가지고 있다고 한 것은 사업 예산

을 토목이나 건축 등 하드웨어 구축에 쓰기보다는 마을활동가 발굴, 마을활동그룹 육성 등 마을의 공동체회복이나 프로그램을 담당할 사람을 발굴하고 키우고 지원하는 사업을 중심으로 하였기 때문이다. 그런데 안타깝게도 이 사업이 시작되는 2018년의 농촌은 초고령화되어 마을에 이런 역할을 담당할 젊은 사람들이나 '참여주체'가 거의 바닥난 상태였다.

필자가 이사장으로 있는 춘천별빛사회적협동조합의 활동을 춘천의 다른 지역으로 확산하려고 시 공무원들과 협의하면 다른 지역에는 별빛조합과 같이 주체적으로 활동할 사람들이 없어서 [제2의 별빛] 같은 '스스로 돕는 마을 활동' 사업은 어렵다는 것이다.

무너져 가는 농촌을 살리기 위해 다양한 지원책을 시도하였지만 농촌을 살리거나 미래가 기대되는 마을을 이룬 사업은 찾기 힘들다. 여러 다양한 문제점도 드러났는데 가장 큰 문제점은 마을을 일으킬 사업의 주체가 부족하다는 것이다. 마을에 고령 노인들만 남아있고 그마나 남아있는 장년층들은 먹고사니즘에 쫓겨 마을 일에 신경 쓸 시간이 없다. 권역별 농촌마을 종합개발사업의 경우 가까운 마을(리)을 권역으로 묶어 공동으로 지속 가능한 마을을 만들기 위해 수십억 원의 사업비를 지원하는 사업인데 권역으로 묶인 마을들이 공동으로 하는 사업은 별로 없고 대부분 마을별로 사업비를 나눠 집행했고 공동사업으로 진행된 커뮤니티 센터, 농촌테마파크, 체험관, 판매장, 숙박시설이나 마을 공동창고, 공동 농산물 보관창고 등은 전기요금과 관리비 등을 권역운영위원회에서 감당하지 못해 방치되어 있는 경우가 많고 창고는 개인이나 유통업자에게 임대하여 사업 취지를 훼손하고 의도와 전혀 다르게 사용되고 있는 경우도 많이 있다. 사업이 종료된 지금도 '권역별 농촌마을 종합개발 사업'을 검색하면 주로 선정이나 착수에 관한 기사가 있지 평가나 사업 종료 후 사후 보고서 같은 것은 찾아보기 어렵다.

사후 평가에 대한 기사를 간혹 찾을 수 있는데 대부분 혈세 낭비, 주민 간 반목과 갈등, 용도 외 사용, 폐허로 방치, 운영위원회 파행, 골칫덩어리 등과 같은 키워드로 평가되고 있다. 농촌 주민들 삶의 질 향상을 위해 문화복지 시설과 소득 기반 확충을 사업의 목표로 진행하였지만 사업 종료 후에 이런 사업목표를 달성했다는 기사는 찾아보기 어렵다.

농촌 주민들의 탈농으로 인해 발생한 저출산, 고령화, 공동화 문제를 해결하고 마을의 지속성을 확보하기 위해 시행된 여러 가지 사업은 목표를 달성하지 못했고 결과적으로 주민 간 갈등만 키웠다. 이런 사업이 집행되던 지난 십수 년 동안 저출산에서 무출생으로, 고령화에서 초고령화로, 공동화에서 마을 해체의 수준으로 악화되었다. 사업의 결과가 이렇게 된 이유는 이런 사업을 유지하고 운영할 수 있는 마을의 주체가 부족하거나 없고 마을의 수익원이 없는 상태에서 시설의 운영비를 확보하지 못했기 때문이다. 결과적으로 수천억 원의 예산만 쏟아붓고 결과는 안 하느니만 못한 사업을 한

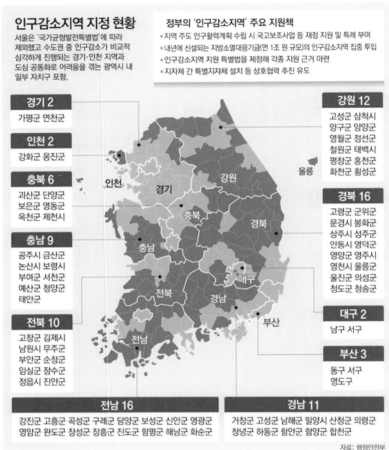

인구감소지역 지정 현황

서울은 '국가균형발전특별법'에 따라 제외했고 수도권 중 인구감소가 비교적 심각하게 진행되는 경기·인천 지역과 도심 공동화로 어려움을 겪는 광역시 내 일부 자치구 포함.

정부의 '인구감소지역' 주요 지원책

- 지역 주도 인구활력계획 수립 시 국고보조사업 등 재정 지원 및 특례 부여
- 내년에 신설되는 지방소멸대응기금(연 1조 원 규모)의 인구감소지역 집중 투입
- 인구감소지역 지원 특별법을 제정해 각종 지원 근거 마련
- 지자체 간 특별지자체 설치 등 상호협력 추진 유도

경기 2
가평군 연천군

인천 2
강화군 옹진군

충북 6
괴산군 단양군
보은군 영동군
옥천군 제천시

충남 9
공주시 금산군
논산시 보령시
부여군 서천군
예산군 청양군
태안군

전북 10
고창군 김제시
남원시 무주군
부안군 순창군
임실군 장수군
정읍시 진안군

강원 12
고성군 삼척시
양구군 양양군
영월군 정선군
철원군 태백시
평창군 홍천군
화천군 횡성군

경북 16
고령군 군위군
문경시 봉화군
상주시 성주군
안동시 영덕군
영양군 영주시
영천시 울릉군
울진군 의성군
청도군 청송군

대구 2
남구 서구

부산 3
동구 서구
영도구

전남 16
강진군 고흥군 곡성군 구례군 담양군 보성군 신안군 영광군
영암군 완도군 장성군 장흥군 진도군 함평군 해남군 화순군

경남 11
거창군 고성군 남해군 밀양시 산청군 의령군
창녕군 하동군 함안군 함양군 합천군

자료: 행정안전부

2021년에 행안부가 지정한 인구소멸 위험 89개 시군구. 채 3년이 지나지 않아 인구소멸 위험지역은 112개 시군구로 늘어났다.

것이다. 앞으로는 이렇게 공동 운영시설이나 건물을 짓는 것은 중단되어야 한다. 그리고 토목 중심의 농촌 지원 사업도 타당성을 엄격히 가려서 추진되어야 한다.

지방의 인구감소를 막기 위한 정책으로 행안부는 2021년 10월에 '인구감소지역 지정 및 지원추진방안'을 발표하고 2022년부터 전국의 89개 시군구를 인구감소 지역으로 지정하였다. 매년 1조 원의 지방소멸대응기금을 이들 시군구에 나눠서 투입해 인구감소와 일자리 창출 등의 사업을 지원한다는 것이다.

정부가 인구감소 위기 지역을 지정해 특단의 지원을 한다는 것은 이들 지방의 인구감소와 고령화, 일자리 부족의 심각성을 깨닫고 사업명칭도 그런 위기상황을 반영한다는 점에서 긍정적이다. 하지만 그동안 해 왔던 것처럼 건설이나 토목, 지원센터나 외부 인력에 의존한 사업 추진을 한다면 지속성도 없고 본래의 목표를 달성하기 어려울 것이라 생각한다.

전문 인력 부족, 수익금 배분 문제, 힐링이나 치유, 그리고 농장 체험프로그램에 대한 과도한 집중, 센터나 지원조직 중심의 사업 전개, 정부나 지자체에 대한 높은 의존성을 탈피여야 한다. 지속적인 인구 유입과 정착을 위해서는 마을 사람들 간의 신뢰를 바탕으로 민주적인 과정을 통해 마을사업을 결정하고 추진해 가는 것이 무너지는 농촌과 지방을 살리는 길일 것이다.

균형과 인구정책의 실패

■ 국토균형정책, 출산장려정책, 인구 유입정책 ■

왜 실패했을까?

여러 가지 진단이 있을 것이다. 교육의 집중, 인프라 중심 개발 정책으로 토건업계만 배불렸다. (양질의) 일자리 축소.

국토 불균형 문제라 함은 우리나라 각 지역이 골고루 발전하지 못하고 대도시와 수도권 편중으로 일어나는 문제를 말한다.

우리나라 인구의 70%가 수도권과 경부축에 살고 있다.

서울 인천과 경기도, 그리고 천안·아산과 세종, 대전, 구미, 대구, 울산, 부산으로 이어지는 경부축에 전 국민의 70%가 살고 있고 나머지 30%가 경남북, 전남북, 충남북과 강원·제주에 살고 있다. 심각한 불균형이다. 같은 경기도라도 서울에 붙어있는 도시 지역에 집중되고 있다. 고양, 부천, 성남, 안양, 수원, 용인 같은 도시는 인구가 계속 늘고 있지만 연천, 양평, 가평, 여주, 안성의 면 지역은 인구감소 위기지역으로 인구 4천 명이 안 되는 면들이 많고 계속 줄어들고 있다. 2020년대 들어서 수도권 집중은 더 가속화되고 있다. 전체 인구의 절반 이상이 수도권에 몰려 살고 있고 자본도 수도권 집중이 심하고 경제력이나 소득격차도 커지고 있다.

2023년 3월 말 기준으로 서울 등 수도권 가구의 평균 자산은 6억 9천2백만 원으로 비수도권 가구의 평균 자산 4억 9백만 원에 비해 69.2%가 많았다. 5대 도시 중 대전, 대구, 부산, 광주의 인구 역시 줄어들고 있어서 수도권 1극화 현상은 날로 심해지고 있다.

국토 불균형 문제를 해결하기 위해 가장 많이 추진된 사업은 도로와 교통 접근성 확충 사업이었다. 그런데 옛말에 신작로가 놓이

수도권과 비수도권의 불균형은 인구뿐 아니라 경제, 소비 의료 등 다양한 영역에서 불균형이 심각하게 진행되고 있다.

면 돈과 여자가 먼저 빠져나간다고 하였다.

고속도로가 전국 곳곳을 촘촘히 연결하면서 지방이 잘살아졌다기보다는 서울로 가는 시간을 단축시킨 효과가 더 컸다.

고속 전철이 개통되면서 수도권 집중 현상은 더 강화되었다. 해방 후 50여 년 동안 대구 동성로의 상징이었던 대구백화점이 21년 6월 문을 닫은 건 고속 전철 영향이고 수도권 자본, 대기업 자본의 지방 점령이라고 분석하고 있다.

또 국토 불균형 문제를 해소하기 위해 추진된 사업이 행정중심복합도시와 혁신도시 사업이다.

그런데 행정복합도시와 혁신도시로 지정되어 정부 기관이나 공기업이 이전한 도시는 인구와 경제가 늘어났지만 주변 지역은 오히려 더 축소되었다. 또 애초 예측한 것보다 인구 유입이나 상권이 제대로 형성되지도 않았다. 그래서 나주나 세종에 가보면 수요를 채우지 못한 빈 상가가 지금까지 남아있고 지역의 부담이 되고 있다.

지방의 붕괴에 대해 윤석열 정부도 위험하다고 인식하는 듯하다. 23년 7월에 '대통령 직속 지방시대위원회'를 출범시켰다. 또 9월 14일에 부산에서 열린 지방시대 선포식에서 "지역의 경쟁력이 국가 경쟁력"이라고 했고 "모든 권한을 중앙이 움켜쥐고 말로만 지방을 외치지 않겠다"고도 했다. 그런데 이는 말잔치일 뿐이고 실제로 지역이 할 수 있는 것은 알아서 하라는 것의 다른 표현이다. 왜 그렇게 분석하냐 하면 그날 5대 전략이라고 내놓은 게 △자율성

키우는 과감한 지방분권 △인재를 기르는 담대한 교육개혁 △일자리 늘리는 창조적 혁신성장 △개성을 살리는 주도적 특화발전 △삶의 질을 높이는 맞춤형 생활복지 등인데 모두 중앙정부가 계획을 세우지 않으면 이루어질 수 없는 것들이고 준비기간과 성과를 내려면 적어도 5년 이상의 장기계획을 수립해야 될지 말지인데 그런 계획도 없이 선포만 한 것이다. 게다가 균형발전특별회계에 포함된 연구 개발 예산을 23년 3,460억 원에서 24년에는 1,131억 원으로 67%나 삭감했고 지역혁신클러스터 육성 사업 예산도 724억 원에서 236억 원으로 64%나 줄였다. 이렇게 말로만 지방시대를 외치는데 국민은 지방시대 선포식이 열렸다는 것도 모르고 중앙정부가 지방시대를 열기 위해 뭔가를 추진하고 있다는 것도 감지된 게 없다. 여전히 수도권 주거를 확대하기 위해 신도시 계획을 추진하고 수도권 시민들의 서울 집중을 지원하기 위한 GTX건설은 계속되고 있다. 오히려 여당인 '국민의 힘' 당은 경기도 김포시를 서울로 편입시키겠다는 엉뚱한 계획을 발표하였다. 윤 대통령의 '지방시대'에 역행하는 정책을 여당이 발표하는데도 대통령실은 아무 반응이 없다.

이제 지방을 살리겠다 혹은 농촌을 살리겠다는 명분으로 토목이나 건설을 계속하거나 선심성 예산 낭비 계획을 세우는 건 중단되어야 한다.

소득격차를 줄이고 인구 유입을 유도하는 직접 지급 방식의 예산 계획을 세울 때가 되었다. 정기적으로 얼마씩 직접 지원하는 방식으로 지방이나 농촌을 살리고 경제를 살릴 수 있는 가장 확실한 정책이라고 할 수는 없다. 거기에 주택공급이나 사업 자금 대출 등으로 경제적 부담을 줄여주면서 기본소득을 지원한다면 인구 유입과 상권 확대, 경제 회복률 증가는 이루어질 것이다.

직접 지불형 농어업 정책 분석

농어촌기본소득 운동을 하면서 난감할 때가 농민기본소득과 혼선을 빚는 것이다. 농민기본소득은 농민들에게 주는 것으로 농민수당과 더 비슷한 정책이다.

농어촌기본소득은 농촌 주민들에게 주는 것으로 농민기본소득하고는 정책 목표나 수혜 대상이 다르다.

현재 농민들에게 직접 지불방식으로 지원되고 있는 사업들을 분석해 봄으로써 농어촌기본소득과 다름을 확인하려고 한다.

▪ 공익형 직접지불금 ▪

농업은 국민생활에 가장 밀접하고 민감한 먹을거리를 제공하는 산업이다. 그렇게 중요한 산업이지만 그렇기 때문에 가격 민감성도 강하다. 그래서 정부는 농수축산물의 가격 형성에 민감하게 반응하고 가격 결정에 개입하려고 한다.

농업은 투하자본이나 노동력에 비해 실제 소득은 매우 낮다. 조수익(매출액)에서 경영비 비중은 계속 올라가 40년 전에는 30%였는데 지금은 70%까지 올라가 농산물 1억 원어치를 팔아도 실제 소득은 3천만 원밖에 되지 않는다.

또 전체 농가의 90%가 농업소득 천만 원이 안 된다는 보고도 있다. 즉 우리 농가의 대부분이 농업소득으로 생계를 유지하기 어렵다는 것이다.

다른 산업과 마찬가지로 농업도 자기가 생산한 상품을 팔아서 그 소득으로 생활하는 것이 정당한 것이다. 하지만 저농산물 가격 정책으로 인해 한 번도 가격 결정권을 가져보지 못한 농민들에게 먹을거리를 계속해서 생산하게 하기 위해 농업 외 소득을 제공하고 있다.

직접지불금은 직불금이라고 줄여서 쓰기도 한다.

직불금은 선택형 공익직불금과 기본형 공익직불금으로 나누고 각각의 직불금 안에서도 여러 가지 직불금이 있는데 여기서는 직불금의 내용을 다루자는 것이 아니므로 보편적 지급인 소농직불금에 대해서만 간단히 다룬다.

직접지불제	선택형 공익직불제	친환경농업직불제
		친환경축산안전직불제
		경관보전직불제
		전략작물직불제
	기본형 공익직불제	소농직불금
		면적직불금

소농 직접지불금은 가장 기본적인 직불금으로 연간 농업 외 소득이 2천만 원 이하이거나 농가 내 구성원의 농업 외 종합소득의 합이 4천5백만 원 이하인 농가에게 농업의 공익적 가치를 인정하여 연간 120만 원의 지원금을 지급하고 있다. 직접지불금의 대상 농민은 ① 1천㎡ 이상의 농지를 경영하거나 경작하는 사람 ② 농업 경영을 통한 농산물 판매액이 연간 120만 원 이상인 사람 ③ 1년 중 90일 이상 농업에 종사하는 사람. 위 기준 중 어느 하나에 해당하는 농업인과 농업법인이라고 규정되어 있다.

■ 농민수당 ■

농민수당은 주로 지방자치단체가 주는 지원금으로 농업소득을 보충하여 농업 지속성을 유지하기 위한 격려금 성격이다. 전남 해남에서 시작하여 현재는 경기도를 제외한 전국 대부분의 지방에서 지급하고 있으며 1년에 60만 원을 지급하고 있다.

▪ 농민기본소득 ▪

농민기본소득은 농사짓는 농민이 급속히 줄어들고 특히 소농의 숫자가 빠르게 감소하게 됨에 따라 식량자급률이 급속히 떨어지고 장차 식량주권을 지키기에도 힘들어지는 상황을 막아보기 위해 시민사회단체가 벌이는 운동으로 모든 농민에게 월 30만 원의 농민기본소득을 지급하자는 운동이다.

현재 경기도에서 농민기본소득이 시행되고 있다. 농민수당은 농가에게 연 60만 원을 지급하고 있으나 경기도의 농민기본소득은 농민에게 연 60만 원을 지급하고 있다. 어떤 차이가 있냐 하면 농민수당은 농가에게 지급하는 반면 경기도의 농민기본소득은 농가에 농민이 두 명이나 세 명 있어도 각각의 농민에게 지급한다는 차이가 있다.

농민기본소득이나 농민수당, 그리고 소농직불금 모두 농가의 소득 보전과 농업의 지속가능성, 그리고 농업의 경제외적 기능이나 공익적 가치를 인정하여 지급한다는 점에서 공통점이 있다. 농업 특히 소농들의 농업을 유지하고 국민의 먹을거리를 안정적으로 생산하기 위해 위의 세 가지 정책을 묶어서 월 30만 원의 농업을 유지, 장려하는 지원금으로 지급하면 정책의 혼선도 없고 비농민들의 농업 지원에 대한 저항이나 반감도 줄일 수 있지 않을까 생각한다.

농민기본소득은 정책 목표와 수혜자가 거의 같은 농민수당과 관계 정리가 필요하다. 농민기본소득은 경기도에서 시행되고 있고 농민수당은 경기도를 제외한 대부분 지역에서 시행되고 있다. 농민기본소득과 농민수당, 이 두 개의 정책을 같은 지역에서 동시에 시행하기는 불가능하다. 농민기본소득 운동의 목표는 전국의 농어민들에게 매월 30만 원의 기본소득을 지급하는 것이다. 농민수당도 비슷한 목표를 가지고 있다. 그런데 아직 입법화되지 못하고 있고 지방정부에서 시행하고 있다. 두 개의 정책을 동시에 시행할 수 없으니 명칭이나 추진 주체, 수혜자의 범위 등을 정리해 단일 운동으로 추진해야 동력을 키울 것이다.

농민기본소득과 농어촌기본소득 이 두 개의 정책이 겹치는 사람들이 있다. 농촌에 사는 농민들이 그들이다. 이런 경우에 해결하는 선례가 있는데 경기도 연천군 청산면의 농민들은 농민기본소득의 대상자이기도 하고 농촌기본소득의 대상자이기도 하다. 청산면은 둘 중에 하나를 선택하게 하고 선택한 것을 지급한다. 현재 경기도 농민기본소득은 연 60만 원이고 농어촌기본소득은 월 15만 원이므로 대부분 농촌기본소득을 선택하고 있다.

6

지방소멸과 우리나라의 상황

▪ 지방소멸이란 무엇인가? ▪

지방소멸이란 말은 2014년에 '일본 창성회의' 좌장 마쓰다 히로야가 쓴『지방소멸』이라는 책에서 비롯되었다. 이 책을 2015년에 우리나라에서 번역, 출판(김정환, 와이즈베리)하면서 우리나라에도 충격과 영향을 줬다.

『지방소멸』(2014)

이 책에서는 일본의 저출산에 따른 인구감소와 대도시의 젊은 인구 집중으로 나타나는 극점사회와 지방의 초고령화를 일본의 미래를 위협하는 큰 문제라고 지적한다. 그리고 이런 문제를 해결하기 위한 방법으로 선택과 집중을 통해 지방의 중심부를 개발하여 '미니 도쿄'를 만들어야 한다고 한다. 지역의 특색을 살리고 고용률을 제고하는 산업 개발, 젊은이들을 지역에 남게 하고 출산율을 높이는 정책을 펴야 한다고 제시한다.

이 책이 발간된 후 일본 사회는 큰 충격에 빠졌고 지방을 살리기 위한 각종 대책을 쏟아냈다. 그러나 10년 가까이 지난 지금까지 인구감소나 극점사회로의 인구 쏠림 현상이 별로 나아지지 않고 있다는 것이 일본 사회의 평가이다.

한국고용정보원의 이상호 연구원은 마쓰다의 책 '지방소멸'의 핵심내용에 착안해 2018년에 「고용동향브리프」 07호에 '한국의 지방소멸 2018'이라는 보고서에서 우리나라의 지방소멸 위험 변화 추이와 시·군·구별 소멸위험 현황을 정리하여 우리 사회에 큰 충격을 주었다.

이상호가 사용한 소멸위험지수는 20~39세의 여성인구(편의상 젊은 여성)를 65세 이상의 고령인구수로 나눈 값이다. 한 지역에 젊은 여성의 수가 500명이고 65세 이상 고령인구가 500명이라고 하면 소멸위험지수는 1이 된다.

젊은 여성인구가 200명이고 고령인구가 천명이라고 하면 소멸위험지수는 0.2가 된다.

한국고용정보원의 이상호가 제시한 지방소멸지수 표

명칭		소멸위험지수	
소멸위험 매우 낮음		1.5 이상	
소멸위험 보통		1.0~1.5 미만	
주의 단계		0.5~1.0 미만	
소멸위험지역	소멸위험진입 단계	0.2~0.5 미만	
	소멸고위험 지역	0.2 미만	

일본은 3대 도시 집중의 다극점 사회로 가고 있다는데 우리나라
는 수도권 1극사회로 진행하고 있다. 일본보다 더 빨리, 일본보다
더 심각하게 진행되고 있다.

■ 지방소멸, 우리나라의 상황 ■

한때 농촌을 떠나 도시로 향하
던 이촌향도 행렬이 1년에 백만 명이
되던 시절(1988년 1백36만 명)[2]도 있었다.
60년대 후반부터 본격적으로 시작된
이농 현상은 21세기 농촌을 저출산, 공동화,
고령화 사회로 고착시켰다. 그리고 불과 20여
년이 지난 지금의 농촌은 무출생, 청년탈출, 초고
령화, 농촌고사로 이어지고 있다.

---

2   한국 현대사 산책 1980년대 편 4권 : 광주학살과 서울올림픽 33쪽

20세기에는 농촌이 비어 가다가 21세기 들어서면서 지방이 비어 가고 서울을 중심으로 한 수도권 1극화 현상이 심해지고 있다.

국토 불균형 현상이 심각하다고 판단한 정부는 2003년에 대통령 직속 국가균형발전위원회를 출범시켰으나 인구 불균형, 경제 불균형 문제를 해결하지는 못했다.

지방소멸지수에 대입해 제작한
지방소멸지도(2023년 2월)

위 그림을 보면 '소멸위험 매우 낮음'에 해당하는 진녹색 지역은 거의 없다.

그리고 빨간색인 소멸고위험 지역은 2018년 6월에 18개 군지역이었는데 불과 5년 사이에 51개 시군으로 늘어났다. 황색인 소멸위험 진입 단계 지역은 67개 시군이다. 두 개 지역을 합친 소멸위험지역은 118개 시군으로 우리나라 228개 시군구 중 절반이 넘어서고 있다. 읍면동으로 세분화하면 이 비중은 더 커진다. 수도권과 경부축의 일부 지역을 제외하면 국토 대부분이 황색이거나 빨간색으로 물들어 있다는 것이다.

지방소멸위험분류		시도		시군구		읍면동	
		개수	비중	개수	비중	개수	비중
	1	0	0.0	0	0.0	166	4.6
	2	1	5.9	17	7.5	328	9.2
	3	10	58.8	93	40.8	1,135	31.7
	4	6	35.3	67	29.4	778	21.7
	5	0	0.0	51	22.4	1,173	32.8
소멸위험지역 소계		6	35.3	118	51.8	1,951	54.5
전체		17	100.0	228	100.0	3,580	100.0

소멸고위험 지역이 되면 지역은 정말 없어질까?

마쓰다 히로야의 '지방소멸'은 인구가 심각하게 감소하여 인접 지방자치단체끼리 통합하는 상황을 예상한 것이다. 그런 예상에 따르면 이상호의 소멸위험지수가 소멸 위험 순위에 따른 지역 통폐합의 순서에 꼭 맞는다고 하기 어렵다. 물론 가임여성 인구에 비해 고령인구가 지나치게 많아서 빠른 속도로 인구가 감소하겠지만 소멸위험지수 부동의 1위인 경북 의성의 경우 전체 인구가 5만 명으로 3만 이하의 군에 비하면 많은 편이다. 오히려 영양군의 경우 1만 6천 명이 안 되고 인근 청송군의 경우도 3만 명이니 통합 논의가 나온다면 이 두 군에서 더 먼저 나올 수 있다.

그런데 이렇게 무너지는 지방의 문제를 지방정부나 주민들이 알아서 해결해야 하는가? 해결할 수 있나? 지금 수도권과 대도시는 고용 능력이 높아 젊은 인구를 흡수하지만 무출생이라는 소리까지 나오는 지방에서 젊은이를 계속 공급하지 못한다면 결국 수도권도 유지하기 어렵게 된다.

그러므로 지방을 살려야 하는데 앞에서 살핀 것처럼 수십 년 동안 농촌과 지방을 살린다고 내놓은 처방들이 효과를 보지 못하고 있다. 그리고 일본 역시 '지방소멸'이라는 충격적 보고서가 나온 뒤 여러 가지 해결책을 제시했지만 속도와 방향을 돌리지 못하고 있다.

그러면 어떤 해결책을 내놓아야 하는가? 우리는 '농어촌기본소득'을 지방소멸의 방지턱이라고도 하고 '심정지 농어촌의 심폐소생술'이라고 한다.

우리가 왜 그렇게 주장하는지는 다음 장에서 자세히 다룰 것이다.

농어촌기본소득은 이미 시작되었다

■ 연천군 청산면의 농촌기본소득 시범사업 ■

경기도는 민선 7기 핵심 정책의 일환으로 청년기본소득, 재난기본소득, 농민기본소득을 추진하여 왔다. 한편으로 특정 계층이나 재난 상황에 대응하는 기본소득을 넘어서 보편적인 기본소득으로 나아가기 위한 단계로서 농촌기본소득을 제안하게 되었다. 왜 농촌에서만 기본소득 시범사업을 하느냐? 도시에도 빈민들이나 소외 지역이 있으니 농촌과 도시 두 곳에서 시행하자는 의견도 있었다. 그런데 농촌은 인구급감과 공동체 붕괴, 지역경제 악화라는 상황에 빠진 면 지역 한 곳을 지정하여 보편적인 기본소득을 시행하기 용이한 점이 있고, 도시 지역은 인구가 많아서 사업 규모가 커지거나 수혜자를 선별하면 기본소득 원칙에서 벗어나고 기존 복지 사업 수혜자와 중복 등의 문제가 있어서 농촌에서 기본소득 시범사업을 시행하는 것으로 결정되었다. 사업 지역은 경기도의 면 중에서 인구가 급감하고 지역 공동체가 무너지는 곳 중에서 제비뽑기로 한 곳을 결정하기로 하였다. 경기도는 대체로 수도권으로 분류하고 인구도 계속 증가하고 있는 지역이다. 그런데 경기도의 외곽 지역 면 중에는 인구가 줄어들어 다른 지역의 소멸 위험과 같은 위기 상황을 맞고 있는 면들이 있다.

농촌기본소득 시범사업은 면의 인구 규모 3천 명에서 7천 명으로 설계하였다. 인구 3천 명 이하를 제외한 것은 낙후 정도가 심하고 시범사업 규모로서 충분치 않다고 판단하였기 때문이다. 그 외에도 고령자 비율, 노령화지수, 소멸위험지수 등 10개 지표를 제시하고 범위 안에 드는 면 지역을 도출하였다. 7개 지표 이상을 충족하는 면이 29개 면이었는데 그중 인구 7천 명 이상인 4개 면은 대상 지역에서 제외하였다.

경기도 113개의 면 지역 중 전국 면 평균 인구수(4,167명) 이하이고 지역소멸지수 0.5 이하인 면 4개 지역(가평군 북면, 여주시 신북면, 연천군 청산면, 파주시 파평면)을 대상으로 21년 12월 28일 무작위 추첨을 했다. 이 추첨에서 연천군 청산면이 최종 선정되었다.

경기도 농촌기본소득 시범사업은 선정된 지역의 모든 주민 개인에게 매월 15만 원의 지역화폐를 22년 3월부터 26년 12월까지 58개월 동안 지급하는 사업이다.

2022년 5월부터 청산면의 주민들에게 농촌기본소득이 지급되기

연천군 농촌기본소득 운영 방식	
지원 대상	**연천군 청산면에 주소 두고, 실거주하는 모든 주민** (단, 경기도 지급 농민기본소득, 청년기본소득, 여성농업인행복바우처 대상자 중복지원 불가)
지원 방식	**지역화폐 1인당 15만원**
사용 범위	**청산면 내 사업체**(사행성·유흥업소, 연매출 10억원 이상 점포 제외), **병·의원, 약국, 보습학원은 예외적으로 군 관내 사용 허용**
사용 기간	**지급일로부터 3개월 이내**(미사용 금액 자동 반납 처리)
전출입 인정 범위	**전입: 관외·관내에서 청산면 전입 신고 뒤 실거주 확인한 다음달부터 지급 전출: 전출일 기준 해당 월분까지만 지급**

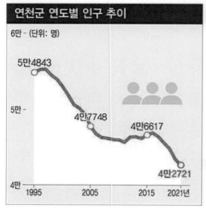

청산면 기본소득 운영방식과 연천군 인구 추이 및 청산면의 위치

시작했다. 애초 농촌기본소득은 3월부터 지급될 예정이었다. 하지만 지급 시점이 2개월가량 밀렸다. 대통령선거와 지방선거를 앞두고 농촌기본소득 홍보 활동이 공직선거법에 저촉될 수 있다는 경기도 선거관리위원회의 우려에 따른 조처였다. 지급이 늦춰져서 5월에 3, 4월 두 달 치가 지급되었다. 그리고 6월에 5, 6월 두 달 치가 지급되었다. 그러니까 농촌기본소득이 시작된 첫 달과 두 번째 달에 주민 1인당 30만 원의 기본소득이 지급된 것이다.

청산면 기본소득의 사용 범위는 청산면의 사업체로 제한하였다. 다만 연 매출 10억 원의 대형 업체는 사용을 제한하였고 청산면에는 없는 병·의원과 약국, 학원은 연천군 내 다른 지역으로 사용을 확대하였다.

5월과 6월에 지급된 두 달 치 기본소득 30만 원은 큰돈이었다. 주민들은 지역 내에 기본소득을 사용할 업체가 어디에 있는지 바쁘게 알아봤다. 청산면은 중심지가 두 곳으로 나뉘어 있어서 상권이 크지 않다. 그래서 주민들은 기본소득으로 지급된 지역화폐를 쓸 수 있는 곳이 어디에 있는지 알아보러 다니고 주민들 간에 정보를 교환하였다. 기본소득이 지급된 후 주민들의 반응은 우리 면에 업체들이 생각보다 많이 있었다는 것이었다. 초기에는 주로 음식점, 미용실, 편의점, 카페 같은 곳에서 많이 사용되었다. 편의점에서 살 수 있는 물건들이 다양하다는 것을 기본소득을 사용하면서 알게 되었다는 주민들도 많았다.

모든 주민에게 개인 카드로 지급하는데 미성년 자녀들에게는 부모나 부양의무자에게 지급하였다.

불만이 없지는 않다. 사용처가 청산면에서만 쓸 수 있는 지역화폐로 지급된다는 이유에서다. 사행성·유흥업소를 빼고 지역화폐를 쓸 수 있는 곳은 22년 4월 말 현재 190여 곳이다. 면 단위에서 기본소득 지역화폐를 쓸 수 있는 업체가 190여 곳이면 적은 것은 아니다. 다양한 구매욕구를 가지고 있으나 대형마트나 여러 가지 메뉴의 음식점 등이 없으니 쓸 곳이 적다고 느껴지는 건 당연할 것이다. 그러나 면으로 사용이 제한된 지역화폐를 발행하는 건 지역의 경제를 살리기 위한 것이니 이런 불편은 감수해야 할 것이다. 또 이런 제한으로 인해 사용 방식에 대한 요령도 생긴다. 돈 쓸데가 많지 않은 노인들은 지역화폐를 이용해 주유소에 난방용 기름을 선구매해서 겨울의 난방비 부담을 미리 줄이기도 한다.

▪ 청산면 기본소득이 만든 변화 ▪

청산면에 기본소득이 지급되면서 변화도 나타났다.

가장 큰 변화는 주민들의 마음에 여유가 생겼다는 것이다. '곳간에서 인심 난다'는 속담이 있다. 주민들은 누가 와도 뭘 사드릴 여유가 없었는데 손님이 오면 기본소득 카드로 뭘 사줄 수도 있고 이웃 간에도 음식값을 내주기도 하고 얻어먹는 것도 마음이 편해졌다고 한다. 그러면서 왕래도 많아지고 마을 내 소통과 공동체 복원도 회복되고 있다.(매일경제 23.08.28 일부 인용)

기본소득이 시작된 이후 인구가 10% 정도 늘어났다고 한다.

그런데 인구 유입효과가 기본소득 초기에는 증가했다가 그 이후에는 인구 변화가 거의 없으니 기본소득의 인구 유입 효과는 없이 예산만 낭비하는 것 아니냐는 지적이 나온다.(연합 뉴스 23.09.26)

21년 12월 말의 청산면 인구는 3,895명이었고 22년 6월 말에는 4,235명으로 340명 늘었다. 23년 7월 말에는 4,219명으로 약간 줄었다. 이런 통계를 보면 인구 증가 효과가 떨어진 것이라고 분석할 수 있다. 그런데 인구가 늘어나는 건 조건이 있다. 사업 초기에 인구가 급속히 늘어난 건 그동안 비어있던 집에 사람이 들어왔고 가까운 도시에 나가 있던 자녀들이 집으로 들어와 출퇴근하고, 청산면에 소재하는 사단의 준사관 중 인근 읍이나 시에서 영외 생활을 하다가 부대의 직업군인용 생활주택으로 이주한 경우가 많다. 이렇게 채우다 보니 초기에는 인구가 늘어났다.

"지난해 사업이 시작된다고 했을 때 이미 빈집은 다 나갔다. 지금은 고치려면 돈이 많이 드는 빈집, 아예 쓸 수 없는 곳밖에 없다. 이젠 들어오고 싶어도 살 집이 없다." - 지역 공인중개사, 매일경제, 23.08.28.

월 15만 원을 받기 위해 땅을 사고 집을 짓고 들어가기는 쉽지 않다. 더구나 연천군의 기본소득은 5년 한시 시범사업이고 그 뒤에 연장될지도 불투명하다. 그러면 인구 유입 효과는 이미 입증이 되었다고 봐야 한다. 연천군이나 건축업자가 공동임대주택을 건설해서 주거공간을 늘리지 않으면 인구 유입 효과를 더 기대하기는 쉽지 않을 것이다.

앞에서 쓴 것처럼 주민들 간의 교류 확대와 공동체, 지역 상권, 주민들의 눌렸던 자존감이 회복되는 것만으로도 기본소득 효과는 이미 크게 나타났다고 할 수 있다.

연천군 청산면에서 시행되고 있는 농촌기본소득으로 나타난 두 개의 사례를 살펴봄으로서 농촌기본소득이 어떤 변화를 만들어 내는지 살펴본다.

■ 기본소득으로 변하는 아이들과 부모들 ■

농어촌청소년육성재단에서 청산면의 농촌기본소득이 청소년에게 비치는 영향에 대해 조사 연구하고 보고서를 내었다. 이 글은 당시 연구에 참여한 김영주 기획실장이 '2023 농어촌기본소득 전국대회'에서 발표한 자료와 필자가 직접 현장에 나가 인터뷰하고 조사한 내용을 기초로 썼다.

앞에서 얘기한 것처럼 청산면에서 시행되고 있는 농촌기본소득은 어른들만 주는 게 아니라 아이들이나 청소년들에게도 같은 금액의 기본소득이 지급된다. 다만 18세 이하의 청소년이나 어린이와 유아는 개인에게 직접 지급하는 게 아니라 부모 혹은 부양자에게 지급된다.

아이들은 학교에서 처음 사회를 경험하게 되고 또 격차를 경험하게 된다. 그런 격차는 아이들에게 좌절을 심어주기도 한다. 농촌에서 사는 아이들은 더 많은 격차나 차이를 경험하게 된다. 이 아이들에게 지급되는 기본소득은 이러한 좌절이나 차이를 상쇄시키는 놀라운 치유의 능력을 발휘하게 된다.

비록 자기에게 직접 지급되지는 않지만 자기 이름으로 매달 지급되는 돈이 있다는 것은 그들에게 놀라운 자부심과 자존감을 높이는 역할을 하게 된다.

사회는 그들을 '호명'(呼名) 하였고 그들은 사회의 구성원이 되었다.

초등학교에 다니는 아이들의 부모들은 아이들에게 들어가는 경제적 부담에 여유가 생겼다. 아이들도 자기 이름으로 매달 기본소득이 지급되는 것을 알고는 자기가 사고 싶은 것, 필요한 것을 부모에게 요구하는 것에 심리적 걸림돌이 없어졌다. 기본소득이 지급되기 전에는 가정 형편이 넉넉지 않은 아이들은 필요한 것을 부모에게 요구할 때 눈치를 봐야 했다. 그런데 매달 생기는 '나의 몫'이 그런 걸림돌을 치운 것이다.

청소년들에게는 돈을 어떻게 쓸지에 대한 돈 관리의 개념도 생기고 계획이라든지 미래에 관한 생각 같은 것도 생겼다고 한다. 청소년 재단에서 이 연구를 주도적으로 진행했던 김영주 연구원은 이런 현상을 '자기인식의 확장'이라고 했다.

청산면 청소년들의 인터뷰

청소년은 이렇게 막 돈을 벌 수 있는 능력이 안 되잖아요. 환경도 안 되고. 그런데 그런 부분에서 어떤 일정량을 받았을 때 이 돈을 갖고 무엇을 하겠다는 그런 미래에 대한 이런 생각도 들 것 같고, 그 돈 관리에 대한 개념도 생길 것 같거든요. 그래서 그런 부분은 좋은 것 같아요. 무엇보다 손 안 벌리고 내가 일정 부분 나오는 부분이니까 이 돈 가지고 뭘 한다는 게 마음가짐이 달라질 것 같아요. (고등 F)

주변에 아는 동생이 있는데 자기가 집이 조금 (어려워서) 학원에 보내주기에는 힘들다고 했는데 기본소득으로 학원에 다닐 수 있게 돼서 애가 너무 좋아하는 거예요. 그런 거 보고 진짜 좋은 것 같다고 계속 생각을 했던 것 같아요. (중략) 일단 어려운 친구들도 있을 것 같고, 일단 이 돈을 받으면요. 뭔가 여유가 생겨서 간식도 많이 사 먹을 수 있고 이런 게 있어서 좋은 것 같아요. (중등 B)

옛날에는 외식을 많이 안 해서, 엄마가 밥하고 따로따로 하는 시간이 많았는데 외식하면서 같이 만나는 시간이 많아지고 얘기를 할 수 있어요. (초등 C)

저는 원래는 그냥 여기는 사는 곳이라고 생각했는데, 받고 여기저기를 막 돌아다니다 보니까 여기는 이제 제가 진짜 좋아하는 고향이라고 생각하고 있어요. (초등 D)

편의점도 자주 가구요, 청산에 카페가 좀 많이 생겼어요. 막 그런 카페 투어를 다녀요. "오늘은 여기 카페에 가보자." (가족들이 다 같이 가기에는) 시간이 없어서 엄마하고 저만 갈 때도 있고, 엄마하고 동생만 갈 때도 있고, 이렇게 엄마하고는 꼭 같이 가는 편인 것 같아요. 전, 아이스티나 스무디 많이 먹어요. 너무 재밌어요. (중등 B)

기본소득 관련해서 저희가 지금 사실 활동을 하고 있는 게 있어요. 아무래도 가장 큰 지금 기본소득의 문제점은 제가 생각하기에 돈 쓸데가 너무 없다는. 그리고 근데 생각보다 많은데 모르는 경우가 많아서 못 쓰는 경우가 많은 것 같아서. 그런 맛집들 같은 거를 이렇게 청산 전체를 다 둘러보면서 맛집 탐방을 하고 저희가 지도를 만드는 활동을 하고 있어요. 기본소득을 어디서 사용할 수 있다는 그런 거를 해서 이렇게 나눠주고 하면 아무래도 도움이 더 되지 않을까 싶어서 그런 활동을 지금 하고 있어서. (중략) (활동하다 보면) 안 가봤던 곳도 가끔 그냥 버스로 지나갈 때만 봤던 그런 게 아니라 안쪽까지도 들어가 보고 '와, 이런 데 이런 게 있어!' 하면서 신기해하는 경우도 되게 많았고 이거 생각보다 … 되게 좁고 정말 시골인 줄 알았는데 여기저기 막 이렇게 돌아다녀 보니까 생각보다 넓은 것 같은데 왜 이 땅을 이렇게밖에 못 쓰는지 약간 아쉬운 그런 것도 있고. 조금 마을에 대한 그런 거는 많이 알아가는 것 같아요, 활동하면서…. **(고등 C)**

청산면 학부모들의 인터뷰

막내는 이제 6학년인데 좀 애기 같아요. 그러니까 머리 회전을 빨리빨리 돌리는 아이가 아니라서 그냥 제가 카드를 줘요. '동철아, 오늘은 가서 간식 사 먹어. 이걸로 동철이 오늘 간식 사 먹어' 그런 거 있잖아요. 그럼 얘가 편의점 가가지고 친구들한테 '야, 내가 쏠게.' 그런 거 해요. 걔가 가서 한번 긁어오면은 1만 몇천 원, 2만 천. 얘가 그렇게 플렉스(재력 과시)를 친구들한테 해요. 그러니까 '오늘 내가 쏜다.' 그런 거 있잖아요. (중략) 오늘은 이렇게 (카드를) 줘서 '동철아, 오늘은 친구들 만날 때 음료수 하나 사 먹어', '동철아, 오늘은 뭐 과자 하나 사 먹어.' '동철아, 맨날 얻어먹으니까 안 되니까 오늘은 네가 (친구에게) 하나 사.'

(학부모 C. 아이 이름은 가명)

저희 같은 경우도 아이들뿐만이 아니라 이제 집에 손님이 오시고 이럴 때도 뭔가 대접하는 거에 대해서도 조금 부담이 없어졌거든요. 카드를 가지고 가서 여기 동네 식당 같은 데서 대접하거나 하면 되니까. 온 국민이 받게 된다고 하면 서로들 더 부담 없이 관계들이 좀 유연해지지 않을까? 이런 생각도 들더라고요. 저희 입장에서만 보면 이렇게 누구 만나는 것도 밥을 사야 하는 부담감, 내가 돈을 써야 하는 부담감, 이런 것도 조금 덜고 공돈이 생기는 건데 거기서 누굴 대접할 수 있으니까. 누가 오시는 것도 부담이 확실히. (학부모 D)

같이 이제 일만 하다가 이 돈을 써야 하는데 하고 대화하잖아요. "우리 뭐에다 쓸까?" 이런 얘기하다가 네 집에서 이제 언니들끼리 이렇게 모여서 외식도 한 번 하면서 대화도 하고. 그럴 시간이 사실은 없었어요. 농촌에서 계속 일만 했거든요. 그냥 서로 인사만 겨우 하고 그렇게 지냈는데 이제 기본소득이 있음으로써 이제 대화가 이제 가능한 거죠. "뭐에 썼어?" "응. 난 이거에 썼어." "난 이거 필요해서 이거 썼어." 이런 거. 그러다 보니까 "언니, 우리 그러면 맛있는 것도 한 번 먹어보자." 그러면서 그런 분위기가 조금 생기더라고요. 아니면 이제 한 집에서 이렇게 모인다는 거. 몇 집에서 이렇게 돌아가면서 모이고 그런 거. (학부모 E)

"저희가 농사지으면서 이렇게 한 번 나가기가 쉽지 않거든요. 근데 그런 면에서는 좀 좋아요. (중략) 그냥 제가 마음이 여유로우니까 요즘 애들. 자꾸 끌어내요. 얘기하고 싶다고 하고 좀 걷기도 하고. 아무래도 제가 마음이 여유롭다 보니까 그런 게 있죠. (학부모 E)

청산면의 아이들과 학부모 인터뷰를 보면 아이들에게서 지역에 대한 긍지와 관심, 자부심, 심리적 여유, 가족과 친구들 사이의 유대 강화 같은 2차적인 효과가 나타나는 것을 알 수 있다. 경제적 여유가 없으면 부모와 자식 간에도 야박해지고 말이 험해질 수 있는데 기본소득으로 인해 자녀도 부모에게 부탁하는 마음이 편해지고 부모도 경제적, 심리적 여유가 생긴다는 걸 알 수 있다. 부모들도 아이들에게 한결 여유로워지고 외식이나 지역 업소 탐방을 하면서 대화가 늘어나게 된다는 것을 알 수 있다.

■ 교회는 어떤 변화가 일어날까? ■

청산면에 농촌기본소득이 지급된 후 청산면에 있는 조그만 농촌 교회 목사와의 인터뷰를 통해 교회의 변화를 살펴봤다.

필자가 인터뷰(22년 9월)한 교회는 초성리에 있는 교인이 열세 명인 작은 교회였다.

담임목사 K 목사는 인터뷰 당시 이 교회에 부임한 지 2년이 되지 않았다. 부인과 자녀 셋이 함께 살고 있다.

인터뷰 내용

문) 기본소득에 대해서 어떻게 생각하는지?

답) 원래 이 교회에 올 생각이 아니었는데 오게 되었고 다른 경쟁자도 없었다.

우연히 기회가 되어 왔는데 주변에서 만류하는 사람들도 있었다. 와서 1년 만에 기본소득이 시행되어 행운이었다.

아이들 몫까지 매달 75만 원이 들어온다.

주민들에게, 특히 우리 집에 엄청 고마운 존재이다.

5년 후에 어떻게 될까 하는 불안감도 있지만 지금은 이 제도가 엄청 좋은 제도이다. 삶의 질이 많이 좋아졌다. 여유가 생겼다.

문) 기본소득을 주로 어디에 쓰는가

답) 처음 시행할 때 한 달 정도 지연되어 첫 달에 두 달 치가 들어왔다. 백 5십 만 원이 들어왔다. 이걸 우리 지역에서 어떻게 쓸 수 있을지 알아보기 위해 지역을 다녀봤다.

처음에는 이 돈을 다 어디에 쓰지, 했는데 쓰다 보니 써지더라. 처음에는 계획 없이 썼는데 차차 계획을 세워 쓰게 되었다.

아이들 과자라든가 아이들에게 필요한 물품을 사는데 인색하지 않게 되었다.

가족 외식비로도 사용하고 손님 접대용으로 많이 사용한다. 작은 교회라 외부에서 손님이 오면 오신 분이 사주시려고 하는데 기본소득에 관해 설명하고, 대접하는 데 부담이 없으니 걱정하지 마시라고 하면 이해하고 좋아하신다. 그리고 돌아갈 때 현금을 후원하고 가신다.

지금 인터뷰하러 오신 분들의 테이블 위에 다과가 있는데 이것도 기본소득으로 구입한 거다. 마음도 생활도 풍요로워졌다.

동네 편의점에서 그렇게 많은 물품을 파는지 전에는 몰랐었다. 과거에는 쿠팡이라든가 인터넷 쇼핑몰에서 구입하던 것을 편의점에서 구입한다.

또 어쩔 수 없이 서울의 큰 병원에 가는 경우 처방전을 받으면 약은 연천에 와서 산다. 이런 것도 기본소득 효과라고 할 수 있다.

문) 기본소득으로 인구 유인이 될까?

답) 주변에서 귀촌을 생각하는 분들이 있으면 연천군으로 오라고 한다. 연천군으로 올 거면 청산면으로 오라고 한다. 청산면 기본소득에 대해 사람들에게 설명하고 자랑한다. 은퇴 귀촌자들에게는 큰 유인요소라고 생각한다.

문) 교인들하고 기본소득에 관해 얘기해 봤나?

답) 아직 논의해 보지는 않았다. 그런데 기본소득과 연계된 지역 살림 프로그램에 동참하고 있으며 앞으로 교회 공간을 주민 프로그램(마을배움터)을 하는 데 제공할 생각이다.

교회 헌금의 증가라든가 그런 효과가 지금까지는 없다. 다만 교인들이 간단한 선물이나 음료수, 아이스크림을 사 온다든지 하는 일은 늘어났다.

문) 앞으로 기본소득에 대해 다른 농촌교회나 단체에서 증언해 달라고 하면 하실 생각이 있는가?

답) 그런 생각은 해보지 않았지만 그런 요청이 오면 생각해 보겠다.

농어촌기본소득이 시행된다면 어떤 일이 일어날까? 생각지 않은 공돈이 생기면 어디에 쓸지 생각하게 된다. 그것도 일회성이 아니고 매달 꾸준히 들어온다면 그 돈을 사용할 계획을 세울 것이다.

K 목사의 경우만 그런 게 아니라 누구든지, 지역에서 살 수 있는 게 뭐가 있는지 알아볼 것이다. 즉 지역에 관한 관심이 생기고 알아보기 시작할 것이다. 우리 면에 사용처가 어디에 있는지, 뭘 사 먹을 수 있는지, 우리 동네의 안 가본 그 식당은 맛이 있는지, 조금 비싼 듯싶어 안 가본 집도 들어갈 용기가 생길 것이다.

청산면의 카페나 식당, 편의점 앞에 '농촌지역화폐 사용가능'이라는 안내문이 쓰여있다. 이건 외부에서 온 손님을 타깃으로 한 게 아니라 지역 사람들을 향한 것이다. 처음에는 기본소득을 가지고 있는 소비자로 보이겠지만 자주 오고, 단골이 되고 기억하면 소통이 시작된다. 과거 마을 점방이나 식당에서 이루어지던 사랑방이 다시 회복될 것이다.

지역상권이 확대되는 효과가 확실히 있다는 것도 확인하였다. 서울에 있는 병원을 가서 진료나 치료를 받더라도 약은 지역에 와서 기본소득으로 구입한다는 건 새로 발견된 효과이다. 인터넷으로 사던 물품을 마을 편의점이나 마트, 철물점에서 사게 되었다는 건 지역 상권이 확대된다는 걸 확인한 것이다. 새로운 식당이나 가게도 생기고 있다. 신장개업 미용실도 생겼다. 서울에서 미용실을 하던 주인이 궁평리에 미용실을 차렸는데 개업 초부터 손님들이 많이 온다고 한다. 특히 서울에서 하다가 왔다고 하니 사람들이 더 좋아한단다. 서울에서 하던 실력이니 믿을 만하다고 생각했는지 모르지만 아무튼 미용실이 들어오면서 인구유인효과, 지역상권 확대, 주민들의 이용시설 확대로 이어지는 것도 확인할 수 있었다.

기본소득이 없었을 때보다 가처분소득이 늘어나고 현금은 굳어지니 적립도 하면서 살게 되었다고 한다.

긍정적인 효과가 많이 나타나고 있다. 다만 5년 한시적 정책이라는 것이 불안 요소인 것 같다. 청산면의 5년 시한이 끝나기 전에 중앙정부가 시행하는 전국 농어촌기본소득이 시행되도록 노력해야 할 것이다.

이후 K 목사는 '농어촌기본소득 예장연대'의 모임에 가서 청산면 농촌기본소득에 관한 사례 발표도 하게 된다.

농어촌교회와 농어촌기본소득

이 글은 「농촌과 목회」라는 잡지 22년 겨울호에 필자가 쓴 글이다. 당시와 시의성에서 약간 차이가 있다는 걸 감안하고 읽어주시기를 바란다.

■ 한국의 경제 성장과 교회의 부흥기 ■

한국 경제가 고도성장하던 시기에 우리나라의 개신교회도 함께 성장하고 부흥하였다.

교회는 한국 사회와 개인들이 경제적으로 잘살기를 바라는 부의 축복을 선도하였고 이에 따라 교인 수도 늘고 교회도 성장하였다. 농촌에서도 교회 없는 마을이 없을 정도로 교회가 늘어났다. 농촌교회는 초급 목회자들의 인턴 과정을 담당하였고 마을 속에 뿌리내리고 성장한 농촌교회에서는 정주 목회자도 늘어났다.

농촌교회가 번영하던 80년대, 90년대에는 교인이 백 명을 넘는 교회도 꽤 있었고 성가대는 물론 초·중·고등부의 주일학교도 있었다. 속회나 구역회도 여러 개가 있어서 농촌교회는 활기차게 운영되었다.

한편으로 90년대부터 농업은 위축되기 시작하고 농촌 주민들은 농촌을 떠나던 시기이기도 했다.

■ 한국농촌의 현실과 농촌교회 ■

70년대 시작된 수출 주도형 산업 정책은 많은 노동력을 농촌에서 빼가기 시작하였다. 농업노동력은 줄어들고 농업소득도 줄어들면서 농촌을 떠나 도시로 이사 가는 이촌향도의 행렬은 거세어 많은 해에는 한 해에 백만 명이 넘는 해도 있었다.

부모의 농업을 이어받아 농사를 짓는 후계자는 줄어들고 이에 따라 농지는 외지인 손으로 넘어가기 시작하여 지금은 전체 농지의 50% 이상이 비농민 소유가 되었고 그 나머지도 20%는 명의신탁으로 비농민이 소유하고 있다고 추정된다.

1970년에 천팔백오십만 명으로 전체 인구의 절반이 넘던 농촌 인구는 현재 전 인구의 10%가 안 되는 5백만 명으로 줄었고 농민 수는 2백만 명 수준으로 줄어들었다.

한국의 농촌을 대표하는 개념인 무출생, 농촌소멸, 초고령화는 농촌교회에서도 그대로 나타나 주일학교가 없어졌고 성가대도 노인들, 여성들로만 구성되고 있다. 그마저도 없는 농어촌교회도 늘어나고 있다. 교인들 대부분은 60세 이상의 노인들이어서 이분들이 돌아가시면 농촌교회는 문을 닫아야 한다. 더 이상 권사나 안수집사 임직식도, 장로 안수도 없다. 교회를 이어받을 후계목회자가 없거나 혹은 이전할 목회지가 없는 교회의 목회자는 어쩔 수 없이 은퇴할 때까지 자리를 지키는 정주목회를 할 수밖에 없는 상황이다.

농민들은 농사지어서 얻는 농업소득으로만 생활할 수 없어서 부인이 식당에 나가 일을 하거나 남편이 막노동판에 나가 일을 하는 겸업농가가 늘어나고 그래서 겨우 생활을 유지하고 있다. 그런데 최근에 들은 놀라운 소식은 농촌목회자 가정에서도 겸업하는 경우가 있다는 것이다. 사모님이 군청이나 교육청의 기간제 공무원으로 일하기도 하고 사회복지사나 요양보호사로 일하기도 한다고 한다. 대리운전이나 택시운전을 하면서 농촌교회를 지키는 목사님들도 있다고 하니 농촌교회의 암울함을 보여주는 사례라 할 것이다.

■ 농어촌기본소득은 농어촌교회에 어떤 영향을 미칠까? ■

기본소득은 부의 독점과 불평등 문제, 그리고 생산과정에 스마트 시스템이 도입되고 로봇이 인간의 노동을 대체하는 A.I 시대에 늘어나는 실업률에 대처하기 위해 제시되는 포스트 자본주의 대안 정책이다. 이 논의가 전 세계적으로 시작된 건 오래되었고 우리나라에서도 녹색평론이라는 잡지에서 김종철 선생이 기본소득이란 명제를 던진 지 10년이 되었다.

여기서 얘기하는 농어촌기본소득은 국민기본소득을 시행하는 전 단계에서 먼저 시행하자는 것이다.

농어촌기본소득은 도시에 밀집된 자본의 지방 배분 정책이며 소멸 위기 직전의 농촌을 구하는 마지막 인구균형 정책이다.

농어촌기본소득은 농어촌에 사는 주민들 모두에게 1인당 매달 30만 원(예상 금액)의 기본소득을 제공하자는 것이다. 이를 통해 현재 살고 있는 주민들의 삶의 질을 높일 수 있는 기본적인 가처분소득을 늘리고 한편으로 농촌으로 이주하고 싶으나 경제적 뒷받침이 부족한 가구에게 최소한의 생활비를 제공하여 농촌인구의 확대에 직접적인 도움을 주자는 것이다.

농어촌기본소득을 제공하면 농촌교회에는 어떤 영향을 미칠까?

춘천의 한 지역에는 10여㎞ 거리를 두고 교회 두 곳이 있다.

A교회는 목사 부부와 두 아들, 네 식구가 살고 있다. 교인 수는 30여 명 된다.

모든 농촌주민에게 농어촌기본소득 월 30만 원이 제공된다면 목사 가족에게는 매달 120만 원의 기본소득이 지급되고 교인들에게는 매달 9백만 원의 기본소득이 제공된다. 목사 가족은 매달 120만 원의 생활비가 더 확보되고 교회는 90만 원의 십일조 헌금을 추가로 확보하게 되는 것이다.

B교회는 목사 부부와 중학교부터 돌 지난 아이들 여섯 명의 자

녀[3]까지 여덟 명의 가족이 살고 있다. 교인 수는 10명 정도 된다.

　이 교회 목사 가족에게는 매달 240만 원의 기본소득이 지급되고 교인들은 총 3백만 원의 소득이 더 생긴다.

　농어촌기본소득이 지급되면 작은 농촌교회가 목회자를 부양하는 부담도 줄어들 것이다.

　또 농촌기본소득이 지급됨에 따라 농촌으로 이주하는 사람들도 늘어나면 교인들도 늘어날 것이고 농촌의 학교도 살아날 것이다. 아이들이 늘어나면 주일학교도 다시 생길 수 있다.

■ 꿈같은 얘기, 실현 가능해? ■

　농어촌기본소득을 하자고 하면 늘 따라오는 질문이 두 개 있다.

　하나는 실현 가능하냐는 것이다. 정부가 무슨 돈이 있어서 그렇게 많은 돈을 지급할 수 있겠냐는 것이다.

　우리나라의 행정 면이 1,140개 정도 된다. 이중 큰 도시 옆에 붙어있어서 사실상 도시화된 면을 제외하면 90%가 농어촌지역이다. 이들 천여 개 면의 평균 인구를 3천 명으로 잡으면 3백만 명 남짓이다. 이들에게 30만 원씩 1년 12회 지급한다면 1년에 약 11조 원 정도의 예산이 필요하다. 현재 농어촌지역에 사용되는 예산 중 예산

3　2023년 7월에 일곱째가 태어났다.

구조조정을 통해 절약하고 각종 보조금과 지원금 등 선택적 지원금을 보편적 지급으로 전환하고 예산을 조금만 더 증액하면 농어촌기본소득은 실현이 가능하다. 월 10만 원의 기본소득은 정책의 지만 있으면 당장 내년부터라도 가능하다.

그리고 재정 전문가들은 예산은 숫자가 아니고 의지라고 한다. 정부 예산은 해마다 9% 수준으로 증가하는 데 농림식품부 예산은 해마다 3% 증가에 머물러 있다. 전체적으로 보면 늘어나는 게 아니라 줄어드는 것이다. 농어촌을 살리고 지방을 살리고 지역불균형을 해소하려 한다면 지방에 좀 더 많은 예산을 책정해야 한다. 이명박 정부 때는 4대강 살리기를 한다며 40조 원이 넘는 돈을 쏟아부었다. 지방을 살리겠다는 의지만 있다면 1년 11조 원의 예산 확보는 어렵지 않다.

또 하나의 질문은 특정 대통령 후보 선거운동이 아니냐는 의심이다.

기본소득정책은 특정 대통령의 독점 전유물이 아니다. 우리나라에서도 이미 10년 전부터 기본소득 논의가 시작되었고 6년 전에는 기본소득 네트워크라는 시민단체가 만들어져 기본소득운동이 시작되었고 녹색당과 기본소득당은 기본소득을 당의 기본정책으로 내세우고 있다. 또 '국민의 힘'당의 1호 정강정책도 '기본소득' 실현이다. 그러므로 기본소득은 특정 정당이나 후보의 정책이 아니라 우리나라 미래를 보장하는 보편정책이며 농어촌기본소득은 무너져 가는 농촌의 마지막 생존 정책이다.

중앙선관위는 농어촌기본소득 운동(캠페인, 거리 서명, 현수막 설치 등)이 선거법에 저촉되지 않는다는 해석을 보내왔다.

■ 농촌교회의 역할 ■

천국이 기도와 하느님의 축복으로 이루어지듯이 농어촌기본소득도 믿고 절실하게 기도하고 요청하면 이루어진다. 천국보다 더 빨리 이루어진다. 농촌교회와 농촌 주민들의 살길이다. 우리 농촌에서 농사짓는 농민은 점점 줄어들고 있다. 농촌도 이제 농민들뿐만 아니라 다양한 사람들이 살고 있는 마을이다. 이 농촌에 돈이 돌고 일자리가 생기면 젊은 사람들이 다시 돌아오고 농촌은 사람 사는 향기가 다시 피어날 것이다. 우리는 기본소득을 하겠다는 대통령을 지원하는 것이 아니라 다음 임기 5년을 책임질 정권을 이용해 농어촌을 살리자는 것이다. 지금 여야의 대통령 후보들이 모두 지역 불균형 해소를 자신의 주요정책으로 제시하고 있다. 우리는 지역불균형과 인구불균형 해소의 수단으로 농어촌기본소득을 실현해야 한다는 것이고 이의 실현을 믿고 함께 이 운동에 동참하자는 것이다.

기독교인들도 기본소득 실현을 위해 호응하고 있다. 이 글을 읽는 독자들에게는 지나간 얘기가 되겠지만 2021년 11월 17일에는

하나님의 공의실현을 위한
기독교기본소득포럼
창립기념포럼

11/17(수) **2시**
대한성공회 서울대성당
문의 010 6361 8795 (이동순 목사)

1부	창립기념식
2부	창립기념 포럼

좌장 _ 양순철 교수 (서울기독대학교)
발제1 _ 백승호 교수 (가톨릭대학교)
　　　 "기본소득이 있는 복지국가 이해"
발제2 _ 차정식 교수 (한일장신대학교)
　　　 "하나님의 공의와 기본소득"
자유발언 및 종합 토론

[기독교기본소득포럼 제안자]
강경민(기독교연구원느헤미야 이사장), 강원돈(전.한신대 교수), 김동우(세s5망교회 담임목사), 김정운(농어촌기본소득예장연대 대표회장), 김춘구(기독교대한감리회농촌선교위원회 위원장), 김종문(자연앤푸드 대표), 남기업(토지+자유연구소 소장), 박철민(글로벌SDGs ESG교육연구소 소장), 박형순(농업경제발전연구원 원장), 송계걸(문윤산업개발 대표), 양승길(서울기독대학교 겸임교수), 양희만(인천교회연합봉사단 사무총장), 오범석(사회복지법인수촌원 이사장), 유송상(가천대 교수), 이동순(엘엘교회 담임목사), 이상익(양평YMCA 감사), 이세아(농민기본소득전국운동본부 상임대표), 이승형(광명시민신문 발행인), 이신건(성결신학연구소 소장), 이재욱(경기도농수산신용원 이사장), 이형호(샬롬의집 대표), 이종민(기독교대한감리회농촌선교회자회 회장), 임진철(청미래재단 이사장), 정상식(안민교회 담임목사), 정은희(아름누리사회적협동조합 이사장), 차홍도(농민기본소득전국운동본부 상임운영위원장), 제수일(크리스찬아카데미 이사장), 허춘중(인도차이나 선교사) 허태수(성암교회 담임목사), 홍성진(주식회사1950 대표), 홍주민(한국디아코니아 대표)

개신교의 뜻있는 분들이 기독교기본소득포럼이라는 단체를 만들어 창립총회를 했다. 산업이 발전하고 경제가 성장하여 선진국이 된 우리나라의 농민들은 오히려 더 열악해지고 농촌은 쇠퇴해 가고 있으며 도시가 번창하는 이면에는 노숙자가 더 늘어나고 반지하에 사는 빈민들은 줄어들지 않고 있다.

기독교기본소득 포럼은 도시빈민들과 쇠퇴해 가는 농어촌 주민들에게 먼저 기본소득이 시행되길 기도하고 촉구하고 있다.

전국의 뜻있는 목회자와 교계 지도자들 2백 명이 넘게 참여하고 있으며 참여자가 계속 늘어나고 있다.

농어촌기본소득에 대해서도 교회와 목회자들이 적극적인 관심과 실천적인 운동을 펼치기 시작했다. 대한예수교장로회 통합 교단의 농어촌교회 목회자들은 11월 18일에 한국교회100주년기념관에서 '농어촌기본소득 예장연대'라는 단체를 창립했다. 농민들과 농어촌 주민, 그리고 농촌교회의 현실을 통감하고 이를 해결할 마지막 방법으로 농어촌기본소득 시행을 선택한 것이다.

예장연대에는 농촌교회뿐 아니라 도시교회들의 참여도 늘어나고 있다.

그동안 농촌교회와 교인들을 돕는 활동은 주로 교단 내에서 농산물 팔아주기와 선교비 지원 등의 방법으로 이루어졌으나 교회의 성장이 멈추고 코로나19로 인해 도시교회의 지원이 과거처럼 쉽지 않은 상황에서 국가적 차원의 정책이 필요하다는 것에 동의한 것이라 생각한다.

예장 통합 측의 선도적인 깃발이 다른 교단으로 확산되기를 기대한다.

■ 마치며 ■

농어촌기본소득은 이루어질까?

어떤 정책이든 새로운 것을 시작하려면 저항과 반대, 이견 등 시행이 쉽지 않다. 친환경 무상급식 정책이 그렇고 세종시로 행정부를 옮기는 것도 저항이 컸고 무리하고 해서는 안 될 사업이었지만

4대강 정비사업도 수십조 원의 돈을 쓰며 강행하였다.

농어촌기본소득은 실현이 될까 싶지만 이제 이 방법 아니면 지역불균형을 해소할 방법이 없다. 또 농업과 농촌에 선별적으로 지원해 오던 낭비적 예산을 주민 직접지불을 통해 시행하면 주민 스스로 지역의 발전을 위한 주민 자치 역량도 향상될 것이다.

기독교 모든 교단의 농어촌교회가 농촌을 살리기 위해 기도하고 이 운동에 함께 나선다면 농어촌기본소득은 이루어질 것이다. 기본소득 국민운동 농어촌본부도 각 도에 지역본부를 구성하고 농촌 마을을 살리기 위해 적극적인 운동을 펼치고 있다.

농어촌기본소득은 반드시 이루어진다. 그리고 반드시 이루어야 한다는 생각으로 운동을 추진하면 반드시 시행되는 날이 올 것이다.

– 2021. 09. 23, 「농촌과 목회」, 22년 겨울호 게재

한국 농촌교회의 쇠퇴는 우리 농촌이 몰락하는 과정과 속도를 같이 한다. 한때 농촌교회는 아이들이 북적였고 농촌 청년들이 성가대를 구성하여 교회는 찬양과 봉사의 힘이 넘쳤다. 그러나 우리나라 근대화 과정에서 젊은이들이 고향을 등지고 도시로 향하며 농촌교회도 죽어갔다. 주일학교가 문을 닫고 중고등부와 청년회도 없어지고 성가대도 구성하지 못한다. 마을이 초고령화됨에 따라 교회는 경로당교회가 되어가고 있다.

회생방안이 없는 농어촌을 구하기 위해 모든 주민에게 농어촌기본소득을 지급하는 정책은 농촌뿐 아니라 농촌교회를 살리는 운동이기도 하다. 이 운동이 더 큰 힘을 발휘하기 위해서는 많은 농촌교회의 참여가 필요하다.

농어촌기본소득 예장연대는 개신교의 교파인 예장통합측 농촌

농어촌기본소득 예장연대 상임대표 김정운 목사

교회 목회자들의 조직이다. 그 밖에 다른 교단의 농촌교회도 닥쳐진 상황은 마찬가지이다. 또 천주교의 농촌 공소, 불교의 농산어촌 사암, 그리고 다른 종교들 역시 농촌 지역 회당은 비슷한 처지에 있다. 교단, 교파별로 농어촌 회당의 연합, 연대 조직이 구성되기를 기대한다.

김제시의 일상회복 지원금 분석

　　김제시는 2022년 9월에 김제시의 모든 시민에게 백만 원의 지역 화폐를 지급하였다. 이 사업을 김제시 일상회복지원금이라고 하였다. 김제시 일상회복지원금은 일회성이지만 모든 김제시민에게 지급했다는 것이 농어촌기본소득 효과 일부를 확인할 수 있을 거라 싶어 농어촌기본소득 관점에서 이를 분석하여 보았다.

◎ 목적 : 코로나19 장기화 및 재확산으로 인하여 위축된 소비심리를 회복하고 침체된 지역경제를 살리기 위해 일회성으로 지급한다.

◎ 지급대상 : 2022년 5월 10일 기준, 주민등록된 전북 김제시민 81,091명(총액 약 8백십억 원)

◎ 지급 방법 : 무기명선불카드

◎ 사용업체 : 대형마트, 유흥업소, 프랜차이즈 직영점 등을 제외한 김제 시내 모든 업체

◎ 사용기간 : 2022년 9월 카드 받은 날부터 2023년 2월 28일까지(기간경과 후 잔액은 자동소멸)

◎ 분석과 해설 : 농어촌기본소득은 농어촌과 지방의 소멸에 대한 대응 성격을 갖는다. 우리는 농어촌기본소득의 목적을 ① (지역주민들의) 삶의 질 개선 ② 소득 증대와 지역 경제 활성화 ③ 인구 유입효과 이렇게 세 가지로 설정하고 있다. 김제시에서 22년 하반기에 시행된 일상회복지원금은 일회성 지급이지만 우리가 세운 목적이 일정 정도 실현되는 효과를 확인했다. 개인에게 지급된 백만 원은 적지 않은 돈이다. 소비를 통해 얻는 소확행(소소하지만 확실하게 실현되는 행복)의 지수는 당연히 늘어날 테고 6개월 동안 지역에 풀리는 8백십억 원의 돈은 지역 상권을 부양시키는 데 큰 도움이 될 것 역시 자명하다. 그리고 김제시의 인구는 전년대비 542명이 늘어나 인구소멸 위기 지역인 전북에서 한 해 인구가 가장 많이 늘어난 지역으로 나타났다. 인구가 늘

전북지역 인구소멸지도. 김제시도 인구소멸 위험지역이다.

어난 건 일상회복지원금의 영향만은 아니겠지만 김제시의 지역을 지키려는 의지가 일상회복지원금을 비롯해 결혼·출산·양육·교육 지원, 신혼부부 주거지원, 효행장려금 등 거주민에 대한 지원정책으로 나타나고 이런 정책의 지가 인구 유입으로 나타난 것으로 보인다.

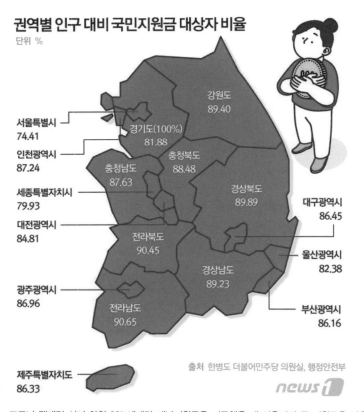

권역별 인구 대비 국민지원금 대상자 비율
단위 %

서울특별시
74.41

인천광역시
87.24

세종특별자치시
79.93

대전광역시
84.81

광주광역시
86.96

제주특별자치도
86.33

강원도
89.40

경기도(100%)
81.88

충청북도
88.48

충청남도
87.63

경상북도
89.89

전라북도
90.45

경상남도
89.23

전라남도
90.65

대구광역시
86.45

울산광역시
82.38

부산광역시
86.16

출처 한병도 더불어민주당 의원실, 행정안전부
news1

코로나 팬데믹 시기 하위 88%에게만 재난지원금을 지급했을 때 서울시민 중 지원금을 받은 사람은 75%가 안 되었다. 그런데 강원 경남북 전남북 주민들은 90 정도였다. 즉 재난지원금을 받는 하위 대상자가 더 많이 살고 있다. 이 도표로도 소득 불균형이 확인된다.

김제시에서 일상회복지원금으로 쓴 예산은 추경을 통해 긴급히 편성된 것이다. 이 예산을 해마다 확보할 수 있다면 지역주민기본소득으로 이어갈 수 있지 않을까? 예를 들어 주민 1인에게 매달 5만 원씩 지급한다면 약 480억 원이면 가능하다. 매달 10만 원씩 지급한다면 천억 원 이내에서 가능하다. 4인 가족에게 매달 40만 원을 지급한다면 적은 돈이 아니다. 이런 예산을 해마다 지속적으로 확보할 수 있을까?

지난해 재난지원금(행복지원금)으로 백만 원씩 약 5백억 원을 지급한 전남 영광군의 강종만 군수는 "순세계잉여금(純歲計剩餘金)이란 게 있다. 세금을 초과 징수하거나 사업을 집행하지 못하고 남은 예산이 올해 260억 원 정도 된다. 여기에 정부 교부금과 자체 예산을 보탰다. 700여 명의 공직자가 일상 경비를 10% 이상 절감하고 나도 업무추진비와 특수활동비를 최소화하는 등으로 예산을 확보했다"고 했다. 순세계잉여금은 해마다 발생한다. 예산을 지역에 꼭 필요한 맞춤형으로 세우고 효율적으로 집행하고 기타 여러 재원을 잘 붙이면 지속적이고 정기적으로 지급하는 주민기본소득을 시행할 수 있지 않을까? 지자체와 지방의회는 적극적으로 검토하여 올해 많은 지역에서 농어촌기본소득(지역주민기본소득)이 시행되기를 기대한다.

또 농어촌기본소득 운동이 인구감소, 지방소멸 위기에 있는 모든 지방으로 확대되길 기대한다.

참고로 지난해 김제시의 예산은 9천4백억 원이었고 영광군의 예산은 약 6천억 원이었다.

　김제시의 일상회복지원금은 예산 대비 8.6%이고 영광군의 행복지원금은 예산 대비 약 8.3%이다.

　대부분의 시군에서 예산 10%를 편성하면 월 10만 원의 주민소득을 시행할 수 있다. (23.01.03)

농어촌기본소득 시범사업의 시행 방식

　농어촌기본소득 정책을 통해 지역 불균형을 해소해야 된다는 움직임이 날로 확산되고 있다. 무너지는 농촌의 지역사회를 다시 회복할 힘은 도로를 반듯이 펴고 포장을 잘해서 나오는 것도 아니고 대도시 사람들에게 구경거리 놀거리를 많이 제공해서 관계인구가 늘어난다고 나오는 것도 아니다. 개인의 삶의 질이 높아지고 지역 발전을 계획하는 데 있어서 주민들의 자기 결정권이 늘어나고 예산 책정권도 주민들이 갖게 된다면 지역을 살릴 의지도, 관심도 더 커질 것이다. 농어촌기본소득을 시행하면서 같이 병행해야 할 조건이다. 그러나 이 정책을 금방 시행하게 될 것 같지는 않다. 물론 경기도 연천군 청산면에서 농촌기본소득이 시행되면서 정책 효과도 확인되고 있고, 광역 시도의회 의장들이 중앙정부에 농촌기본소득의 시행을 촉구하는 건의문을 내기도 해서 분위기는 사뭇 고양되고 있다. 농어촌기본소득이 금방 시행되지는 않겠지만 머지않

아 곳곳에서 농어촌기본소득이 시작되겠구나 하는 기운은 느껴진다. 가장 쉽게 시작되는 방법은 대통령이 추진하고 여야가 합의하여 법을 만들고 예산을 세우면 된다. 그런데 윤석열 정부에서 추진은 기대하기 어렵다. 그러면 어떻게 할 것인가? 지방에 사는 사람들이, 농어촌에 사는 사람들이 아우성을 쳐야 한다. '이대로는 농어촌과 지방이 다 망한다', '지방소멸지수를 봐라. 해마다 소멸위험지방이 늘고 있지 않느냐', '농촌과 지방이 무너지면 곧 수도권도 무너진다' 이렇게 외치고 요구해야 한다.

우리나라 정책의 대부분은 중앙정부가 아이디어를 내고 채택되어 시행되는 경우보다는 시민들이 요구하고 압박하여 채택하는 경우가 더 많다. 대표적인 것이 전교생 무료급식이다. 또 친환경재료를 써야 한다고 요구해서 많은 지역에서 아이들에게 친환경 무료 학교급식을 시행하고 있다. 농어촌기본소득도 이렇게 절실함과 절박감을 느끼는 주민들로부터 나와야 한다.

소멸 위험지역마다 시·군 본부를 조직하고 총선에 나오는 후보들에게 농어촌기본소득을 공약으로 걸게 하고 협약식을 해서 총선의 뜨거운 이슈로 만들어야 한다. 그리고 다음 국회에서 본격적으로 입법 논의가 되게 해야 한다.

그렇게 되어도 전국 모든 소멸위험지역에서 동시에 농어촌기본소득을 시행하기는 쉽지 않을 것이다. 예산상의 문제, 도시에 사는 사람들의 동의도 끌어내야 한다.

그렇다면 청산면의 시범사업을 기본 사례로 하여 시범사업 지역을 확대하고 이를 토대로 계속 확대해 가는 방식을 계획할 수 있다.

그런 시범사업 지역을 어떻게 선정하여 시행할지에 대한 설계를 한번 해보자.

인구 천명 이하의 면이 빠르게 늘어나니 천 명 이하의 면부터 시행하는 것은 어떨까? 예산은 적게 들겠지만 사업 효과는 불투명하다. 왜냐하면 인구 천명 이하의 면 지역은 이미 지역 경제의 토대가 무너져서 상권을 다시 일으키기가 쉽지 않다. 인구 천명의 면에 1인당 15만 원의 기본소득을 지급한다면 매월 1억 5천만 원의 기본소득이 지역에 풀릴 것이다. 그런데 이 정도 규모로는 주유소나 미장원, 식당, 학원, 의원과 약국이 개업하기 쉽지 않다. 만약 지급된 기본소득을 인근 읍에서도 쓸 수 있게 한다면 그 면의 경제는 기본소득이 시작되어도 회복하기 어려울 것이다. 약 4천 명에게 매월 15만 원씩 지급하는 청산면의 경우도 쓸 곳이 없다고 하는 판이다. 그래서 면 단위 시범사업은 최소 규모가 4천 명 이하로 하거나 인근 2~3개 면을 묶어서 중심지를 두고 서로 연계해서 경제와 소비가 살아나는 방식을 생각해 볼 수 있다. 제일 좋은 것은 군 단위의 시범사업을 하는 것이다. 소멸 고위험 지역 중 공모를 통해 중앙정부

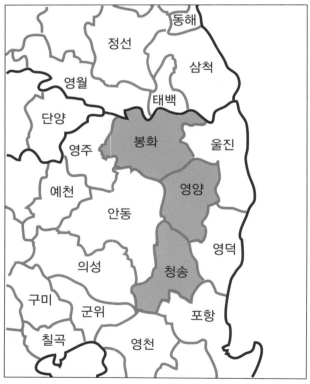

경북의 대표 소멸지역인 봉화, 영양, 청송. 이 지역을 경북의 소멸위험 BYC라고 한다. 지수로는 경북 의성이 지방소멸 1순위이지만 의성은 아직도 인구 5만이 넘는다. 현실은 BYC가 더 위험하고 급하다.

50%, 도 20%, 시·군에서 30%의 연결예산으로 군(시)민 전체에게 매달 20만 원의 기본소득을 지급하면 농어촌기본소득이 기대하는 효과인 삶의 질 개선, 인구 유입, 지역경제 활성화 등이 나타날 것이다.

예를 들어 우리나라 군 중에서 섬 지역인 울릉군을 제외하고 가장 작은 영양군에서 시범사업을 한다고 가정해 보자. 영양군은 인구가 만 6천 명이 안 된다. 만 6천 명에게 매월 20만 원의 기본소득을 시행한다고 설계하면 매달 32억 원, 1년에 382억 원의 돈이 들어간다. 이 중에서 절반을 중앙정부가 내고 20%는 도가 부담하고 영양군이 30%를 부담한다면 115억 원이면 가능하다. 영양군의 2023년 예산이 3천8백8십억 원이 넘으니 115억 원은 그리 크지 않은 돈이다. 영양군이 예산 결정권을 스스로 행사할 수 있다면 10%만 조정하여 예산을 세워도 영양군 예산만으로도 월 20만 원의 영양군 주민기본소득을 시행할 수 있을 것이다. 지방소멸대응기금이라는 정책자금이 있다. 중앙정부가 인구 감소지역에 매년 1조 원의 예산을 나눠주는 것이다. 2024년에 영양군은 112억 원의 기금을 배정받았다. 이 기금을 기본소득으로 쓸 수 있다면 영양군은 자체 예산만으로 월 20만 원의 주민기본소득을 시행할 수 있다.

시범사업을 혼합하여 시행하는 방법도 생각해 볼 수 있다.

시범사업 지역을 전국의 소멸고위험지역으로 확대하면서 30개 사업은 시·군 전체를 대상으로, 70개 지역은 읍면을 대상으로 시범사업을 하는 것이다.

시·군을 시범사업으로 하는 경우 인구수, 지방소멸지수, 지방정부의 시행 의지와 지원계획, 도의 지원 계획 등 지표를 만들고 공모를 통해 시범사업지역을 정하여 시행하는 것이다.

또 70개 읍면 지역에서도 공모 과정을 거쳐 시범사업 지역을 확대해 갈 수 있겠다. 전국 시·군의 읍면 중 소멸 위험지역 70곳을 시범사업 대상으로 시행한다면 지난 5년 동안 읍은 7천 명 이하, 면은 4천 명 이하인 지역을 기준으로 하고 지역의 경제 현황, 시·군 자치단체의 지원계획 – 공동임대주택 건설 계획, 지역 경제 활성화 차원 창업 자금 지원계획 등의 지표를 정하고 공모하여 시범사업을 확대 시행하는 것이다. 시범사업 지역을 해마다 20%씩 확대한다면 공모에서 탈락된 지역도 희망을 가지고 계속해서 준비할 것이다. 이렇게 진행하면 시작한 지 수년 안에 시범사업을 마치고 국가정책사업으로 전환될 것이다.

농어촌기본소득은 얼마를 지급해야 할까?

　농어촌기본소득은 30만 원을 지급해야 한다는 것이 농어촌기본소득 운동하는 사람들의 요구이다. 월 30만 원씩 3인가구에게 기본소득을 지급하면 1년에 1,080만 원이다. 매월 30만 원의 기본소득을 지급해도 도시근로자와 농가 사이의 격차를 절반도 줄이지 못한다.

　수도권 가구의 연간 평균 경상소득(2021년)은 7,022만 원으로 비수도권 가구의 5,832만 원 보다 20.4% 많은 규모다.

도농소득 격차 현황 (단위: 천 원, %)

구분	도시근로자 가구 소득	농가소득	도시근로자 가구 소득 대비 농가소득 비중
2002	34,025	24,475	71.9
2007	43,874	31,967	72.9
2012	53,908	31,031	57.6

구분	도시근로자 가구 소득	농가소득	도시근로자 가구 소득 대비 농가소득 비중
2017	60,033	38,239	63.7
2018	64,821	42,066	64.9
2019	66,660	41,182	61.8
2020	72,360	45,029	62.2
2021	74,505	47,759	64.1
2022	78,114	46,153	59.1

자료 : 통계청 가계동향조사(2인 이상 비농림어가), 농림축산식품부 자료 어기구의원실 재구성

위 표와 같이 22년의 도시근로자 가구 소득은 7,800만 원인데 농촌가구소득은 4천6백만 원이다. 도농간 가구소득 차이는 3,200만 원이나 난다. 월 30만 원씩 3인가구에게 기본소득을 지급하면 1년에 1,080만 원이다. 매월 30만 원의 기본소득을 지급해도 차이의 절반도 줄이지 못한다.

또 수도권과 비수도권으로 소득 비교를 한 분석도 있다.

수도권 주민의 1인당 평균 소득은 4,500만 원인데 비해 비수도권 주민의 1인당 평균소득은 3,400만 원으로 약 600만 원의 차이가 난다.(2019년 기준, 국토연구원, 지역별 소득격차와 불균형 2021) 이 통계를 보면 비수도권 지방 주민들에게 1인당 매월 30만 원의 기본소득을 지급해도 격차의 반 정도밖에 줄이지 못한다.

농어촌기본소득을 30만 원 지급하는 것이 지역 불균형을 해소하고 지방과 농어촌의 붕괴를 막는 1차 저지선이라고 생각한다. 그러나 처음부터 소멸고위험 시·군 주민들에게 30만 원 지급하려면 큰 예산을 확보해야 하기 때문에 점진적으로, 시범사업을 시행하고 확대하면서 국가기본사업으로 전환하자는 것이다.

■ 기본소득으로 마을공동체 회복과 마을자치 실현 ■

농촌의 인구가 급감하면서 마을공동체도 같이 무너지고 있다. 마을에 사람들이 많이 살던 시절에는 1년에 한 번씩 집집마다 쌀 한 말을 거둬 이장 수고비로 주고 또 두 발로 열심히 뛰어다니라고 신발도 한 켤레 사줬다. 마을마다 다 똑같지는 않지만 마을재산으로 농지나 산지를 가지고 있었다. 그리고 마을재산으로 현금도 가지고 있었다. 재산 형성은 마을에 초상이 났을 때 집에다 빈소를 차리고 장례를 치르면 마을사람들이 와서 음식도 하고 손님 접대도 하고 운구나 산소 조성도 마을 사람들이 맡아서 했다. 장례가 끝나면 상주가 수고에 대한 감사의 마음으로 마을에 기금을 냈다. 또 출향민이 고향 마을에 후원금을 내거나 한 해 농사를 지어서 예상보다 많은 수확을 했을 때도 마을에 얼마간 후원을 하는 사람들도 있었다. 마을에 사람들이 많이 살고 서로 의지하고 힘을 모을 때는 마을 재산이 꽤 있었다. 그런데 사람이 떠나고 초상도 장례식장에서 지내고 산소를 쓰는 일도 없으니 마을에 돈 들어올 일도 없다. 돈이 없으면 마을 사람들끼리 뭔가를 의논해서 같이하는 일도 없어지게 된다. 마을에서 하는 일은 대부분 정부나 지자체의 공모사업에 컨설팅 업체 끼고 공모하여 당선되면 매뉴얼대로 추진되는 일이다. 마을 사람들끼리 머리를 맞대고 의논할 일도 없고 진행하는 일에 감 놔라 배 놔라 참견할 일도 없게 된다.

농어촌기본소득이 실현된다면 기본소득의 5%는 마을공동체 기금으로 자동 이체하고 마을사람들끼리 의논하여 마을 일에 사용하도록 한다. 마을공동체 사업의 타당성과 기대효과에 따라 사업 공모를 통해 시·군에서 5:5나 7:3으로 예산을 지원하여 마을사업을 하도록 하면 마을의 자치능력도 커지고 마을에서 필요한 일을 마을 사람들 스스로 결정하여 추진할 수 있다. 외부 지원 없이 자체 예산으로 사업계획을 세워서 추진할 수도 있다.

한 마을에 백 명의 주민들이 살고 이들에게 매달 30만 원의 기본소득이 지급되는 걸 예상하고 그중 5%의 마을기금을 걷는다면 매달 백5십만 원의 마을기금이 들어온다. 1년이면 천8백만 원의 기금이 쌓이니 이 돈으로 필요한 마을사업을 기획할 수 있고 그 과정에서 마을 사람들 간에 민주적 역량도 쌓여갈 것이다. 자기가 낸 돈으로 자기 마을 일을 결정하게 되니 참여율도 높아지고 마을에 들어온 지 얼마 안 되는 신입주민들도 마을 일에 쉽게 참여하고 마을 사람들과 관계를 형성하는 과정도 짧아질 것이다.

기본소득으로 마을을 살리는 또 다른 효과일 것이다.

12

명칭·이름을
꼭 농어촌기본소득이라고 해야 하나?

　농어촌기본소득을 주장하면서 사람들과 만나 얘기하다 보면 명칭을 꼭 농어촌기본소득이라고 해야 하느냐고 묻는 사람들이 있다.

　3년 전 이 운동을 시작할 때 운동의 주체들이 농촌에 사는 사람들이었고 농촌의 고령화와 마을이 사라질 위기가 닥쳐오는 상황이었다. 또 경기도에서 농촌기본소득 시범사업을 설계할 때였다. 농촌뿐만 아니라 어촌도 같은 위기를 겪고 있으니 농어촌기본소득이라고 하자 하여 농어촌기본소득이라는 명칭을 쓰게 된 것이다.

　그런데 농어촌기본소득이라고 하면 농사짓는 농민에게 주는 기본소득으로 오해하는 사람들도 많다. 또 기본소득이라고 하면 20대 대선 당시 민주당 후보였던 이재명의 선거공약으로 인식해서 거부감을 갖는 사람도 있다.

농어촌기본소득의 목적은 무너지는 농어촌과 지방을 살리고 수도권과 비수도권의 균형발전을 이루자는 것이다. 그러므로 이런 취지와 목적이 훼손되지 않고 기본소득의 5원칙이 지켜진다면 꼭 농어촌기본소득이라고 하지 않아도 된다.

전 대통령직속 농어업·농어촌특별위원회 박진도 위원장은 2021년에 도올 김용옥과 농산어촌 개벽 대행진을 진행하면서 '농산어촌주민수당'을 주장하였다.

박 위원장의 농산어촌주민수당은 농어촌기본소득과 얼개가 사실상 같고 이름만 다르다 할 수 있다.

전남에서는 전남형 남도활력소득이라는 이름으로 전남의 인구 3천 명 이하의 면 지역을 대상으로 월 10만 원의 기본소득을 시범사업으로 시행하자는 논의를 하고 있다.

알래스카주에서는 석유를 팔아 만든 이익으로 알래스카 전체 주민에게 1년에 한 번 주민배당금이라는 이름으로 약 100만 원의 기본소득을 지급하고 있다.

이처럼 취지와 목적과 방식이 유지되면서 지방자치단체에서 시행되는 사업이라면 '고향지킴이수당'이라고 해도 되고 'ㅇㅇ군주민배당금'이나 'ㅇㅇ군민일상지원금'이라고 해도 되고 'ㅇㅇ군민기본소득'이라고 해도 문제 될 것이 없다. 그러나 전체적인 정책의 명칭으로 농어촌기본소득이라고 하는 것은 이미 사회적 지위를 얻었으니 기본 명칭은 유지해야 한다고 생각한다. 그리고 국가가 입법을 통해 시범사업이든 기본사업으로 추진하게 된다면 그때는 법의 명칭에 맞게 전국이 명칭 통일을 해 가야 할 것이다.

농어촌기본소득은 정책 운동이다

농어촌기본소득은 대선을 겨냥한 선거운동이 아니다. 기본소득이라는 사회적 의제를 이용해 총선이나 대선에 나선 후보들을 밀고 당겨서 몰락해 가는 농어촌에 방지턱을 세우고 회복 U턴의 계기를 만들어 보자는 것이다. 지난 대선 당시 '국민의 힘'은 정강정책 1조에 "국가는 국민 개인이 기본소득을 통해 안정적이고 자유로운 삶을 영위하도록 적극적으로 뒷받침하여 4차 산업혁명 시대를 대비한다"라고 하였다. 그러니 농어촌기본소득 운동은 선거운동이 아니다. 22년에 중앙선거위원회에 농어촌기본소득 캠페인이 선거법에 위반되는지 질의한 결과 "단체의 설립목적에 따라 '농어촌 기본소득' 실현을 위한 캠페인을 전개하는 것은 「공직선거법」에 위반되지 않습니다"라는 답변을 보내왔다.

농어촌기본소득에 대해 홍보도 하고 참여하는 회원들도 늘리고 사회적 공감대도 넓혀야 한다. 그런데 농어촌기본소득은 정책이고 제도이고 예산의 문제이기 때문에 정치와 분리할 수가 없다.

20대 대선에서 이재명 후보의 정책 공약으로 농어촌기본소득을 주요 공약으로 내걸게 한 것은 농어촌기본소득운동전국연합 회원들이다.

20대 대통령 선거 당시 기본소득 출발 방식에 대한 이재명 민주당 후보의 의견

■ 민주당 대선후보 경선 2차 TV토론/ 2021년 7월 5일
"기본소득의 토대를 만들겠다"며 "워낙 큰 문제라 고액으로는 시작을 못 한다. 전원을 대상으로 소액으로 할 수도 있고 시골에서 전국으로 늘리는 방법 등도

20대 대선에서 농어촌기본소득을 대선 이슈로 띄운 것은 이재명 후보가 아니라 농어촌기본소득 보령 시본부 회원들이다. 이때부터 시작하여 전국 대선 이슈로 확대되었다.

있다"고 덧붙였다.

▌MBC 김종배의 시선집중/ 2021년 7월 12일
기본소득의 구체적 방식은 따져봐야 된다. 재원이 충분해서 한꺼번에, 일시에 시작하면 문제가 없다. 그런데 재원이 부족하니 만들어 가면서 해야 한다.

소액을 전원에게 지급하는 방법이 있다. 기본적인 방식이다.

부분적으로 기본소득을 고액으로 도입하고 확대해 나가는 방식도 있다.

청년들이나 청소년, 아동들에게 먼저 고액으로 지원한 다음 차차 지급대상 나이를 늘려간다.

또 농어촌기본소득은 더 쉽다. 지원금과 보조금 등을 효율적으로 조정하면 가구당 월 백만 원씩 지급할 수 있다. 농어촌 먼저 하면서 지역을 확대하는 방법도 있다. (두 방식을) 복합적으로 시행할 수 있다.

1인당 1년에 백만 원씩 소액에서 시작하여 늘려나가는 확대형의 경우 '코끼리 비스킷이다', '한 달 껌값 주냐' 같은 냉소적 반응도 나온다. 경제적 효과도 불확실하다. 기본소득에 대한 국민의 지지도 미미한 편이다. 이재명 후보는 지난 2021년 7월 민주당 경선에서 기본소득을 얘기한 이후 기본소득에 대해 유보적인 입장을 보였고 경기도 지사직을 내려놓은 후에는 기본소득을 먼저 의제화하는 일을 찾아보기 어려웠다.

그런 그가 갑자기 농어촌기본소득에 대해 얘기하기 시작했다.

"기본소득은 지금은 논쟁이 많아서 강력하게 당장 실행하지는 못할지라도 미래 사회의 언젠가는 반드시 해야 합니다. 이거는 좌파 정책도 아니고 우파정책도 아닙니다. 분명한 사실은 우리가 최소한의 생존, 생계에 필요한 상황이 곧 옵니다. 그중에 제일 먼저 해야 할 것이 바로 지역으로는 농어촌기본소득입니다. 농촌이 살려면, 지방이 살려면 진안 저 깊은 산골짜기에 살아도 1인당 20만 원, 30만 원씩만 지원된다면 자기 하고 싶은 것 하면서 행복하게 살 수 있습니다."

−12월 5일 진안 인삼상설시장 방문 연설 중에서

"농촌기본소득은 이재명이 주장했다 생각하지 말고, 여러분이 직접 요구하면 아주 빠르게 실현할 수 있다"고 강조했다.

−2021년 12월 5일 전북 진안인삼상설시장에서 이재명 민주당 대선 후보

기본소득을 제공한다고 지방이 살아날까?

농어촌기본소득은 지방소멸의 완전한 해결책이 아니다.

농어촌기본소득은 지방소멸과 농어촌붕괴를 막는 데 있어서 방지턱이지 해결책은 아니다.

정기적으로 매달 얼마의 현금성 자산을 지급하면 안 주는 것보다는 훨씬 낫다. 여러 가지 긍정적 효과가 나타난다는 걸 연천군 청산면의 사례에서 확인하고 있다.

그런데 이걸로 지속 가능한 지방 살리기 정책이 될까?

새로 유입된 주민들에게 안정적인 정착 지원이 될까?

젊은이들이 일자리를 찾아서 서울로 몰려들고 있다. 큰 도시에서의 삶을 동경하고 문화 다양성이 있는 큰 도시를 경험하고 싶어 대도시로, 서울로 몰려오지만 모든 젊은이가 다 적응하며 잘 사는 건 아니다. 높은 주거비용과 힘든 출퇴근을 견디며 살아가야 한다.

그래서 몇 년 살다가 고향으로 돌아가는 젊은이들도 많이 있다.

이 젊은이가 고향 집에 온다면 당장 잘 곳을 걱정하지 않아도 된다. 자고 나면 어머니가 해주는 밥을 먹게 되고 밥을 먹은 후 아버지가 일하는 곳에 가서 일하면 당장 무엇을 할지 걱정하지 않아도 된다.

그런데 아무 연고도 없는 도시 출신 젊은이가 농촌으로 온다면 살 곳을 찾아야 한다. 마을회관의 방이나 빈집, 마을에 체험마을 지원으로 지어진 시설 중 비어있는 방이라도 얻으면 그나마 다행이다. 그런데 좁고 불편하고 임대기간도 짧아 안정적이지 않다.

충북 괴산군은 각 면마다 10호~20호의 공공임대주택을 지어서 자녀가 초등학교로 전학 온 가족에게 월 5만 원~9만 원의 임차료를

충북 괴산군의 행복보금자리주택. 저가의 보증금과 월세로 초등학교 전학생이 있는 외부 이주세대가 우선적으로 입주할 수 있다.

받고 집을 임대해 주고 있다. 인구가 급감하면서 지역으로 이주해 온 가족에게 저렴하게 집을 임대해 주는 사업을 하는 시·군이 빠른 속도로 늘어나고 있다. 전남 신안군과 화순군은 '만원 임대주택' 사업을 하고 있고 전북 순창군은 공공임대주택을 지어 24년에 분양을 계획하고 있다.

관광지로 유명한 신안군 홍도라는 섬의 유일한 초등학교인 흑산초 홍도분교는 6학년 세 명이 졸업하면 더 이상 학생이 없어 폐교 위기에 몰리자 주택 제공과 월급 320만 원 일자리 제공, 한 아이당 아동수당 80만 원 제공을 내걸고 4세대를 공개 모집하고 있는데 문의가 쏟아지고 있다고 한다.

경기도 연천군 청산면은 2022년부터 월 15만 원의 농촌기본소득을 지급하고 있다. 사업을 시행한 첫해에는 인구가 322명 늘었다. 그런데 23년에는 10월까지 18명 증가에 그쳤다. 이에 대해 경기도의회 한 의원은 농촌기본소득의 효과가 있는지 타당성 조사를 해야 한다고 지적했다. 시행 2년 차에 유입인구가 줄어든 것은 더 이상 들어올 집이 없기 때문이다, 만약 청산면에 괴산군과 같은 저렴한 공공임대주택을 지어서 공급한다면 아마도 짓는 양만큼 인구가 늘어날 것이다.

지방소멸 고위험 지방이나 농어촌에 사는 주민에게 기본소득을 시행하면서 저렴하게 살 수 있는 공공임대주택을 제공하고 지역에서 사업을 하는 사람에게 농협과 협약을 맺어 저리의 사업자금을 빌려주면 지방으로 내려오는 사람들, 특히 아이 가진 젊은 가족들이 많이 내려올 것이다.

무너지는 농어촌과 지방은 활기를 되찾고 새로운 아이들이 태어나 내리막을 달리던 출산율도 회복될 것이다. 그렇게 큰돈이 드는 것도 아니다. 지금까지 출산율 제고와 국토불균형을 해소하기 위해 썼던 돈에 조금만 더 보탠다면 어렵지 않게 할 수 있다.

▪ 춘천별빛마을 이야기 ▪

필자가 사는 강원도 춘천시 사북면 고탄지역은 '춘천별빛사회적협동조합'이라는 지역주민들이 만들고 운영하는 협동조합이 있다. 이 협동조합의 활동범위는 춘천시 사북면의 춘천댐 북부 지역 6개리(고탄리, 송암리, 인람리, 가일리, 고성1·2리)이다. 이 여섯 개 마을을 '북사북'이라고 하는데 이름처럼 지역이 갈라져 있어 같은 면 안에서도 지역갈등의 요인이 된다. 여기서는 협동조합의 이름을 붙여 별빛마을이라고 하겠다.

이 협동조합은 농촌유학센터와 지역아동센터, 그리고 노인돌봄 사업을 운영하고 있다.

농촌유학센터는 서울과 수도권에서 별빛마을로 유학 오는 아이

춘천별빛사회적협동조합에서 운영하는 농촌유학센터 홍보물

들을 돌보는 일을 한다. 지역아동센터는 초등학교 다니는 아이들의 방과 후 프로그램을 담당한다. 아이들이 수업을 마치면 센터로 와서 프로그램하고 저녁식사를 한 후 집에 간다.

농촌에 유학 온 아이들은 마을의 농가에 두세 명씩 맡겨져 1년 혹은 졸업할 때까지 농촌 생활을 한다. 그리고 마을 아이들과 같이 마을의 초등학교를 다니고 방과 후에는 지역아동센터를 이용한다. 별빛마을로 유학 온 아이들이 2023년 2학기에는 전부 열세 명 정도 된다. 초등학교의 전체 학생 중 한 아이를 빼면 유학생이거나 외지에서 이주해 온 집의 아이이다. 외지에서 이주해 온 이유는 아이들

봄에 모종을 심고, 김매고, 벌레 잡아주고
곁가지도 떼 주고, 지주도 세워줘야 하고

농촌유학생들과 함께하는 마을 주민들

이 어린 시절에 농촌의 경쟁하지 않는 평화와 정서를 체험하고 우리 별빛협동조합이 운영하는 지역아동센터의 프로그램에 아이들을 맡기고 싶어서 온 것이다. 이렇게 와서 사는 집을 우리는 교육귀촌이라고 한다. 이 들 중에는 아이가 학교를 졸업하면 다시 자기들이 살던 도시로 이사 간다. 그런데 또 일부는 마을에 남아 정착해 사는 사람들도 있다.

농촌 유학으로 아이들만 보내는 가족 중 교육귀촌을 하고 싶어 하는 가족들이 꽤 된다. 그런데 마을에 이들이 들어와서 살 만한 빈집이 없다. 마을에 정부에서 지원받아 지은 민박촌이 있다. 1.5룸짜리 민박집을 월 35만 원에 임대하는데 여기에 교육귀촌한 가족들이 몇 집 살고 있다. 시골의 1.5룸짜리가 월 35만 원이면 싸지 않은 데도 없어서 못 들어온다. 젊은 자녀를 둔 도시 젊은 세대

중 별빛마을로 이사와 살고 싶은 사람들이 꽤 여럿 있으나 빈집이 없어 못 오고 간혹 빈집이 나오면 바로 나간다.

이들에게 공동주택을 지어서 부담 없는 가격에 제공하면 바로 들어올 집이 최소한 열 집은 될 것이다.

인구 28만을 조금 넘긴 춘천을 지금 시장은 30만이 넘는 도시로 만들겠다고 한다. 시장에게 우리 마을에 들어오고 싶어 대기하는 가족이 꽤 있으니 10세대 정도가 들어갈 수 있는 공동주택을 지어 달라고 했다. 가타부타 반응이 없다. 시내에 아파트를 지으면 한꺼번에 몇백 명 몇천 명이 들어올 거라고 생각하나 본데 이제 우리나라는 인구정점을 지나서 인구가 줄어들고 있어서 다른 지역과 인구 서바이벌 게임을 하는 건 쉽지 않다. 또 춘천의 균형발전을 위해서도 면 지역의 인구를 유지, 확대해야 한다. 그런데 춘천시장은 그런 관심은 별로 없고 오로지 손 안 대고 코 푸는 방식의 인구 늘리기만 관심 있는 듯하다.

공동주택을 지어 농촌에 쉽게 이주해 올 수 있도록 하고 기본소득을 제공한다면 농촌으로 들어오는 사람들, 특히 젊은 사람들은 훨씬 더 늘어날 것이다.

우리 농촌은 무출생, 초고령화, 마을 해체 수준으로 들어갔다. 사실상 골든타임에 들어간 환자이다. 심폐소생술이 다급한 환자이다. 우리 농촌의 가장 큰 문제는 극심한 세대불균형이라고 생각한다. 농어촌기본소득은 현재 살고 있는 농어촌과 지역주민들의 삶

의 질을 개선하고 새로운 주민들, 특히 젊은 세대를 유인하는 정책
이 될 것이다. 지방이 살아야 수도권도 주거난, 출산율 문제를 해결
할 수 있다. 농어촌기본소득과 그 부속 정책을 시행하면 지방소멸
을 막을 것이고 서울과 수도권, 지방도시를 같이 살리는 마지막 한
수가 될 것이다.

지방자치단체의 독자적 추진은 가능한가?

■ 법과 제도의 지원이 없으면 매우 어렵다 ■

농어촌기본소득에 대한 필요나 요구는 점점 커지고 있다. 농어촌(주민)기본소득을 추진하는 지방 자치단체는 있으나 실현하는 자치단체는 없다. 왜 그럴까? 농어촌기본소득을 시행하려면 이를 지원하는 법이 있어야 한다. 그리고 추진 과정에서 부딪히는 다른 법과의 충돌을 조정해야 한다. 이를 위해서는 농어촌기본소득에 동의하는 국회의원들이 농어촌기본소득 (지원에 관한) 법률을 입법하고 이 법과 부딪히는 다른 법들의 충돌 조항을 조정하여야 한다.

정선군에서 추진하고 있는 정선군민기본소득 추진과 좌절의 과정을 정리하여 지방자치단체가 독자적으로 농어촌기본소득 혹은 주민기본소득을 시행하려면 어떤 과정이 선행되어야 하는지를 정리하였다.

정선군은 22년 초에 모든 군민에게 매년 20만 원의 정선아리랑 상품권을 지급하는 군민기본소득을 지급하겠다고 했다.

이는 최승준 정선군수의 선거 공약이기도 했다.

약 3만 5천명의 군민에게 20만 원의 기본소득을 지급하려면 70억 원의 예산이 필요하다. 이 자금을 강원랜드 주식 배당금으로 충당한다는 계획이다.

군은 군민기본소득 시행을 하기 전에 사회보장위원회(사보위)에 심의를 요청하였다.

사보위는 22년 3월 3일에 정선군에 '재협의' 판정을 통보하였다. 재협의 판정은 사실상 불가 통보이다.

사보위의 '재협의' 이유는

1) 정선군민 기본소득은 기존 인구정책의 한계를 극복할 수 있는 정책대안으로서의 논거가 미비하며 그 효과도 불확실하다.
2) 재원과 관련하여 재원의 안정성이 부족하다.
3) 기초수급자를 지급대상에서 배제함으로써 소득역진 문제가 발생할 가능성이 있다.

1)번의 이유는 1년 20만 원이라는 적은 돈이 인구정책의 한계를 극복하는 대안으로 보기 어렵다는 것이다. 인구정책은 여러 가지

방안이 있을 수 있다. 출생률을 높이는 방법, 외부 인구를 유인하여 인구를 늘리는 방법, 현재 인구를 빠져나가지 않게 하는 소극적 방법 등일 것이다.

정선군민기본소득 연 20만 원은 인구유출방지정책 역할도 제대로 못할 것이다. 구조화된 젊은이의 대도시(서울) 지향은 1년 20만 원 가지고 유출방지책이 될 수 없기 때문이다. 그러나 현재 살고 있는 사람들에게는 1년에 한 번 생활의 원기소 같은 역할을 해서 사는 맛을 느끼게 될 것이다. 4인 가족에게 80만 원은 쏠쏠한 금액이다. 20만 원의 정선군민기본소득은 적지만 인구정책에서 인구가 빠져나가는 속도를 완화해 주는 역할은 할 수 있지 않을까?

2)번의 이유는 정선군민기본소득의 재원이 강원랜드 주식배당금에서 나오는데 강원랜드 주식배당이 불안정하다는 것이다.

정선군은 강원랜드 주식의 5%를 가지고 있고 매년 약 90억 원의 주식배당이 나온다. 코로나 팬데믹이 시작된 후에는 강원랜드를 운영을 할 수가 없어서 배당금을 받지 못했다. 운영이 회복되기 시작한 22년도 배당금은 35억 원이었다. 그래서 재원이 불안정하다고 판단한 것 같다. 그러나 2019년까지 매년 90억 원이 넘는 배당금이 안정적으로 들어왔고 23년에는 정상적으로 운영되고 있으므로 23년 결산을 하면 약 90억 원의 배당금이 들어올 것이다. 정선군은 70억 원 정도를 군민기본소득으로 지급하고 남는 돈(20억 원 이상)은 배당금 수익이 줄어들 때를 대비해서 기금으로 적립하려고 한다. 그러면 재정안정성은 어느 정도 확보되었다고 볼 수 있지 않나?

3)번의 이유는 기본소득이 제공되었을 때 기초생활수급자(이하 수급자)가 불이익을 받을 수 있다는 것이다.

국민기초생활보장법은 "수급자의 소득인정액이 증가한 경우 그 증가분만큼 보전액에서 제외"하도록 규정하고 있다.

이런 이유라면 앞으로 기본소득(혹은 유사 방식)은 시행할 수 없다. 경기도 청산면의 농촌기본소득이 시범사업이라서 가능했다면 다른 지역에서 이를 시행하려면 모두 시범사업이라고 해야 한다는 건가? 모든 주민(혹은 국민, 해당 수혜자)에게 보편적으로 지급하는 기본소득은 수급자도 예외가 되어서는 안 된다. 재난지원금을 줄 때 수급자를 예외로 하지 않은 것처럼 보편적이고 무조건적인 직접 지불제도 역시 기초생활 수급자도 예외가 되어서는 안 된다. 사보위가 전향적으로 검토하고 국민기초생활보장제도를 개정하여 예외를 인정하여야 한다.

정선군은 23년 1월 20일에 이번에 보건복지부에 정선군민기본소득 시행을 위한 사회보장제도 신설 협의 신청을 다시 하였다.

보건복지부는 8월에 수정, 보완 의견을 보내왔다.

복지부가 보내온 의견은

1) 전 군민에게 주는 보편적 기본소득을 하지 말고 기초생활수급자, 저소득층, 다문화가족 등 공적지원대상층에게 두터운 지원을 하는 게 좋겠다. 재설계하라.

2) 육아기본수당, 농민수당 등 중복지원은 곤란하다. 이 부분을 해소해야 한다.

3) 재원 마련 방안이 불안정하다.

보건복지부의 의견 역시 사실상 하지 말라는 것이다.

정선군의 입장은 다시 시도할 방법을 찾고 있다고 하지만 지금의 정부나 제도하에서 군민기본소득을 시행하기는 어려운 일이라고 판단된다.

2022년에 전북 장수군에서도 군민기본소득 시행을 추진하였다. 이를 위해 중앙정부에 사업 추진을 위한 검토요청을 하였다. 기획재정부에서는 기본소득을 시행하면 지방세 교부금을 보내지 않겠다고 통보받아 기본소득 추진을 접었다고 한다.

위의 두 사례에서 보듯이 지방자치단체가 - 시장이나 군수가 아무리 의지가 있어도 법과 제도가 뒷받침되지 않는다면 매우 어려운 일이라는 게 확인되었다. 그리고 공천 결정권자인 지역위원장이 동의하지 않는다면(지역위원장이 국회의원이면 더욱) 이를 추진하기 어려울 것이다.

위 두 지역에서 추진한 기본소득 지급 금액은 보잘것없는 금액이다. (정선군 년 20만 원, 장수군 월 5만 원)

그런데도 추진할 수 없었던 것은 제도(법) 미비, 지원 동력 부실(중앙당 역시 힘이 되지 못했다)이라고 할 수 있다.

앞으로 농어촌기본소득 (지원에 관한) 법을 세울 수 있는 국회의원이 필요한 이유이다. 중앙정부의 사업 계획과 예산 수립은 그다음의 일이다.

【○○군(시) 농어촌(혹은 주민) 기본소득 지급 조례(안) 예시문】

제1조(목적) 이 조례는 ○○군(시) 주민에게 (농어촌)기본소득을 지급하여 농수축산업·농어촌의 공익적 기능을 증진하고, 도농간의 격차와 지역불균형발전을 해소하며 특히 수도권과 대도시에 비해 정치 경제적으로 소외된 ○○군(시) 주민의 사회적 참여 촉진과 주민 기본권 보장 및 농수축산업·농어촌의 지속 가능한 발전에 이바지하는 것을 목적으로 한다.

제2조(상위법 근거) 헌법 34조 1항 '인간다운 생활을 할 권리', 2항 '국가의 사회 보장 복지 의무', 119조 2항 '국가의 균형 경제를 위해 적정한 소득 분배를 유지'와 농업 농촌 및 식품산업 기본법 49조 '지역 간의 소득 균형 정책을 세우고 시행하여야 한다.'에 근거한다.

제3조(정의) 이 조례에서 사용하는 용어의 뜻은 다음과 같다.

1. "농어촌"이란 「농업·농촌 및 식품산업 기본법」에서 정한 읍·면의 지역을 말한다.

2. "주민"이란 「농업·농촌 및 식품산업기본법」에서 정한 읍·면·동에 거주하는 주민을 말한다.

3. "농어촌기본소득"이란 정부와 도 ○○시·군이 협력하여 농어촌지역 주민에게 정기적으로 지급하는 사회보장적 및 경제적 금품을 말한다.

4. "지역화폐"란 「○○군(시) △△△상품권 관리 및 운영 조례에 근거한 △△△ 상품권을 말한다.

제4조(다른 조례와의 관계) 농어촌기본소득과 관련하여 다른 조례에 특별한 규정이 있는 경우를 제외하고는 이 조례에서 정하는 바에 따른다.

제5조(책무) ○○군수(시장)(이하 "군수(시장)"라 한다)는 농어촌기본소득이 원활하게 지급될 수 있도록 행정적·재정적 지원을 하여야 한다.

제6조(기본원칙)

① 농어촌기본소득은 ○○군(시)(이하 "군(시)"이라 한다)에 주민등록을 두고 거주하는 모든 주민에게 지급한다.

② 농어촌기본소득은 지역경제 활성화를 위하여 군이(시가) 발행하는 지역화폐로 지급한다.

제7조(지급대상)

① 농어촌기본소득은 군(시)에 주민등록상 주소를 두고 실제로 거주하고 있는 모든 주민에게 지급한다.

② ①항의 규정에도 불구하고 ○○군(시)에 주소를 두고 실제 거주한 지 ○개월이 지나야 지급할 수 있다.

③ 제1항에도 불구하고 주민이 다음 각 호의 어느 하나에 해당되는 경우 농어촌기본소득을 지급하지 않는다.

1. 「농업·농촌 공익기능 증진 직접지불제도 운영에 관한 법률」에 따른 직접지불금을 거짓이나 그 밖의 부정한 방법으로 등록 또는 수령한 자

2. 농어촌기본소득을 거짓이나 그 밖의 부정한 방법으로 신청한 자

제8조(지급주기 및 지급액) 농어촌기본소득 지급 주기와 지급 금액은 지역화폐 지급 여건 등을 감안하여 예산이 허용하는 범위 내에서 결정한다.

제9조(농어촌기본소득 위원회)

① 군(시) 농어촌기본소득 제도의 원활한 운영을 위하여 리, 읍·면, 군(시)에 농어촌기본소득위원회(이하 "위원회"라 한다)를 둔다.

② 리에는 농어촌기본소득 마을위원회(이하 "마을위원회"라 한다)를 둔다.

③ 읍·면에는 농어촌기본소득 읍·면위원회(이하 "읍·면위원회"라 한다)를 둔다.

④ 군(시)에는 농어촌기본소득 군(시)위원회(이하 "군(시)위원회"라 한다)를 둔다.

제10조(마을위원회)

① 마을위원회는 여성 주민 1/3 이상을 포함하여 마을 주민 5인 이상으로 구성하며, 리의 주민 수가 적거나 독자적으로 구성·운영하기 어려운 경우에는 인근의 여러 리를 관할하는 마을위원회를 구성할 수 있다.(부부가 위원이 되는 경우는 이를 제한한다)

② 마을위원회에서는 농어촌기본소득 지급대상자 추천과 마을공동체규약의 제정과 운영관리를 담당한다.

③ 읍·면장으로부터 제출받은 농어촌기본소득 신청자가 해당 지역에 실제 거주 여부를 심의한 후 읍·면위원회(읍·면장을 포함한다)에 지급대상자를 추천한다.

제11조(읍·면 위원회)

① 읍·면위원회는 여성 1/3 이상을 포함하여 농민, 소상공인, 소비자 대표 및 읍·면장 등 7인 내외로 구성한다.

② 읍·면위원회에서는 농어촌기본소득 신청자에 대한 현장확인 등 심사와 마을위원회 구성 및 활동을 지원한다.

③ 마을위원회로부터 추천받은 농어촌기본소득 지급대상자에 대해 실제로 거주하며 생활하고 있는지를 심의한 후 군 위원회(읍·면장을 포함한다)에 심의결과를 제출한다.

⑤ 군수(시장)는 읍·면위원회 활동을 지원하기 위하여 필요한 인력을 둘 수 있

으며, 예산의 범위에서 활동에 필요한 경비를 지원할 수 있다.

제12조(시·군위원회)

① 군(시)위원회는 다음 각 호의 사람으로 여성 1/3 이상을 포함하여 15명 이
내로 구성한다.

1. 관련 업무 담당자 중 군수(시장)가 임명하는 사람

2. 다음 각 목의 어느 하나에 해당하는 사람 중에서 군수가(시장이) 위촉
하는 사람

가. ○○군(시)의회에서 추천한 자

나. 농민단체, 소상공인단체, 소비자단체, 학계 등에서 추천한 자

② 위원 중 공무원 및 ○○군(시)의원의 임기는 해당 직위에 근무하는 기간으
로 한다.

③ 제1항 제2호 나목에 해당하는 위원의 임기는 2년으로 하되 한 차례에 한
하여 연임할 수 있다.

④ 군(시)위원회는 농어촌기본소득 시행계획 심의, 지급대상자 확정 심의, 마
을위원회 활동 평가 등을 담당한다.

⑤ 읍면위원회로부터 제출받은 농어촌기본소득 지급대상자에 대해 심의한
후 군(시, 읍·면장을 포함한다)에 심의결과를 제출한다.

제13조(위원회 운영)

① 마을위원회, 읍·면위원회, 군위원회는 각각 1명의 위원장과 부위원장을
두고, 위원장 및 부위원장은 위원 중에서 호선 한다.

② 군수는(시장은) 위원회 위원이 다음 각 호의 어느 하나에 해당하는 경우에
는 위촉을 해제할 수 있다.

1. 위원의 임무를 성실히 수행하지 아니한 경우

2. 품위를 손상시켜 위원으로서 적합하지 아니하다고 인정되는 경우

3. 제척, 기피 회피 등의 사유가 있음에도 불구하고 회의에 참여하여 위원회 의결의 공정성을 해친 경우

4. 그 밖의 사정으로 인하여 위원의 임무를 수행할 수 없다고 판단되는 경우

③ 위원회의 정기회는 연 1회 개최하고, 위원장이 필요하다고 인정하는 때 또는 재적위원의 3분의 1 이상의 요구가 있을 때 임시회를 소집한다.

④ 위원회의 회의는 재적위원 과반수의 출석으로 개의하고 출석위원 과반수의 찬성으로 의결한다.

⑤ 위원장이 부득이한 사유로 직무를 수행할 수 없을 때에는 부위원장이 그 직무를 대행한다.

제14조(지급신청)

① 농어촌기본소득을 지급 받으려는 주민은 매년 농어촌기본소득 사업 신청서와 구비서류를 첨부하여 주소지 읍·면장에게 제출하여야 한다.

② 농어촌기본소득 지급 대상자로 확정된 자가 그 자격에 변동이 발생할 경우에는 지체없이 읍·면장에게 서면으로 변동사항을 제출하여야 한다.

③ 농어촌기본소득 지급 신청 및 변경과 관련된 세부사항은 군수가(시장이) 정한다.

제15조(위원회간 협력) 제9조 및 제10조, 제11조에도 불구하고 농어촌기본소득 신청자의 주소와 소재지 주소가 달라 주민 확인이 어려운 경우, 군수가(시장이) 정하는 바에 따라 주소지 마을위원회 또는 읍·면위원회에서 소재지 마을

위원회 또는 읍·면위원회에 지급대상자 조건 충족 여부에 대한 확인을 요청할 수 있다.

제16조(지급 중지 및 환수)

① 군수는(시장은) 다음 각 호의 어느 하나에 해당되는 경우에는 농어촌기본소득의 지급을 중지하여야 한다.

1. 지급대상자가 수령을 거부하였을 경우

2. 지급대상자의 사망, 다른 지역으로의 전출, 주민등록 말소 등의 사실이 확인되었을 경우

3. 지급 대상에 해당되지 않는 사람에게 지급한 경우

4. 그 밖에 부정한 방법으로 지급을 받았을 경우

② 제1항 제2호부터 제4호까지에 해당되는 사람에게 지급된 것이 확인되는 경우「지방재정법」제32조의 8에 따라 반환 요구 등 필요한 조치를 하여야 한다.

제17조(시행규칙) 이 조례의 시행에 관하여 필요한 사항은 규칙으로 정한다.

부칙

이 조례는 공포한 날부터 시행한다.

상위법 원문

1, 헌법 2장 (국민의 권리와 의무) 34조 1항 모든 국민은 인간다운 생활을 할 권리를 가진다. 2항 국가는 사회보장, 사회복지 증진에 노력할 의무를 진다. 9장 (경제) 119조 2항 국가는 균형 있는 국민경제의 성장 및 안정과 정정한 소득

분배를 유지한다.

2. 농업 농촌 및 식품산업 기본법 제49조 (지역 간의 소득 균형) 국가와 지방 자치
단체는 도시와 농촌 간의 소득격차의 해소 등 도시와 농촌의 균형발전을 위
하여 농촌 주민의 소득 증대 및 삶의 질 향상 등에 필요한 정책을 세우고 시
행하여야 한다.

참조

「주민조례발안에 관한 법률」 제5조 제3항에 따른 18세 이상 주민 총수 및 연서
주민 현황(20**년 **월 **일부터 적용.(○○군 또는 ○○시)

(20○○. ○○. ○○ 현재 / 단위 : 명)

18세 이상 주민(A)	18세 이상 주민 중 선거권이 없는 자(B)	외국인(C)	청구권자 총수 (D=A-B+C)	연서 주민 수

※연서 주민 수: 18세 이상 선거권이 있는 주민(청구권자) 총수의 1/20 이상
「○○군 주민조례발안에 관한 조례」.

【진도군 농어촌기본소득 지급 조례(안)】

제1조(목적) 이 조례는 진도군 주민에게 농어촌기본소득을 지급하여 농수축산업·농어촌의 공익적 기능을 증진하고, 도농 간의 격차와 지역불균형발전을 해소하며 특히 농어촌지역 주민의 사회적 참여 촉진과 사회 기본권 보장 및 농수축산업·농어촌의 지속가능한 발전에 이바지하는 것을 목적으로 한다.

제2조(상위법 근거) 헌법 34조 1항 인간다운 생활을 할 권리, 2항 국가의 사회보장 복지 의무와 119조 2항 국가의 균형 경제를 위한 적정한 소득 분배 유지와 농업 농촌 및 식품산업 기본법 49조 지역 간의 소득 균형 정책을 세우고 시행하여야 한다. 에 근거한다.

제3조(정의) 이 조례에서 사용하는 용어의 뜻은 다음과 같다.

1. "농어촌"이란 「농업·농촌 및 식품산업 기본법」에서 정한 읍·면의 지역을 말한다.

2. "주민"이란 「농업·농촌 및 식품산업기본법」에서 정한 읍·면에 거주하는 주민을 말한다.

3. "농어촌기본소득"이란 정부와 전라남도 시·군이 협력하여 농어촌지역 주민에게 정기적으로 지급하는 사회보장적 및 경제적 금품을 말한다.

3. "지역화폐"란 「진도군 아리랑 상품권 관리 및 운영 조례에 근거한 아리랑 상품권을 말한다.

제4조(다른 조례와의 관계) 농어촌기본소득과 관련하여 다른 조례에 특별한 규정이 있는 경우를 제외하고는 이 조례에서 정하는 바에 따른다.

제5조(책무) 진도군수(이하 "군수"라 한다)는 농어촌기본소득이 원활하게 지급될 수

있도록 행정적·재정적 지원을 하여야 한다.

제6조(기본원칙)

① 농어촌기본소득은 진도군(이하 "군"이라 한다)에 주민등록을 두고 거주하는
모든 주민에게 지급한다.

② 농어촌기본소득은 지역경제 활성화를 위하여 군이 발행하는 지역화폐로
지급한다.

제7조(지급대상)

① 농어촌기본소득은 군에 주민등록상 주소를 두고 실제로 거주하고 있는
모든 주민에게 지급한다.

② ①항의 규정에도 불구하고 진도군에 주소를 두고 실제 거주한 지 6개월
이 지나야 지급할 수 있다.

③ 제1항에도 불구하고 주민이 다음 각 호의 어느 하나에 해당되는 경우 농
어촌기본소득을 지급하지 않는다.

1. 「농업·농촌 공익기능 증진 직접지불제도 운영에 관한 법률」에 따른 직
접지불금을 거짓이나 그 밖의 부정한 방법으로 등록 또는 수령한 자

2. 농어촌기본소득을 거짓이나 그 밖의 부정한 방법으로 신청한 자

제8조(지급주기 및 지급액) 농어촌기본소득 지급 주기와 지급 금액은 지역화폐 지
급 여건 등을 감안하여 예산이 허용하는 범위 내에서 결정한다.

제9조(농어촌기본소득 위원회)

① 군 농어촌기본소득 제도의 원활한 운영을 위하여 리, 읍·면, 군에 농어촌
기본소득위원회(이하 "위원회"라 한다)를 둔다.

② 리에는 농어촌기본소득 마을위원회(이하 "마을위원회"라 한다)를 둔다.

③ 읍·면에는 농어촌기본소득 읍·면위원회(이하 "읍·면위원회"라 한다)를 둔다.

④ 군에는 농어촌기본소득 군위원회(이하 "군위원회"라 한다)를 둔다.

제10조(마을위원회)

① 마을위원회는 여성 주민 2인 이상을 포함하여 마을 주민 5인 이상으로 구성하며, 리의 주민 수가 적거나 독자적으로 구성·운영하기 어려운 경우에는 인근의 여러 리를 관할하는 마을위원회를 구성할 수 있다.

② 마을위원회에서는 농어촌기본소득 지급대상자 추천과 마을공동체규약의 제정과 운영관리를 담당한다.

③ 읍·면장으로부터 제출받은 농어촌기본소득 신청자가 해당 지역에 실제 거주 여부를 심의한 후 읍·면위원회(읍·면장을 포함한다)에 지급대상자를 추천한다.

제11조(읍·면 위원회)

① 읍·면위원회는 여성 3인 이상을 포함하여 농민, 소상공인, 소비자 대표 및 읍·면장 등 7인 내외로 구성하며, 읍·면의 주민 수가 적거나 독자적으로 구성·운영하기 어려운 경우에는 인근의 여러 동을 관할하는 읍·면위원회를 구성할 수 있다.

② 읍·면위원회에서는 농어촌기본소득 신청자에 대한 현장확인 등 심사와 마을위원회 구성 및 활동을 지원한다.

③ 마을위원회로부터 추천받은 농어촌기본소득 지급대상자에 대해 실제로 거주하며 생활하고 있는지를 심의한 후 군 위원회(읍·면장을 포함한다)에 심의결과를 제출한다.

⑤ 군수는 읍·면위원회 활동을 지원하기 위하여 필요한 인력을 둘 수 있으

며, 예산의 범위에서 활동에 필요한 경비를 지원할 수 있다.

제12조(군위원회)

① 군위원회는 다음 각 호의 사람으로 여성 5인 이상을 포함하여 15명 이내로 구성한다.

  1. 관련 업무 담당자 중 군수가 임명하는 사람

  2. 다음 각 목의 어느 하나에 해당하는 사람 중에서 군수가 위촉하는 사람

    가. 진도군의회에서 추천한 자

    나. 농민단체, 소상공인단체, 소비자단체, 학계 등에서 추천한 자

② 위원 중 공무원 및 진도군의원의 임기는 해당 직위에 근무하는 기간으로 한다.

③ 제1항 제2호 나목에 해당하는 위원의 임기는 2년으로 하되 한 차례에 한하여 연임할 수 있다.

④ 군위원회는 농어촌기본소득 시행계획 심의, 지급대상자 확정 심의, 마을위원회 활동 평가 등을 담당한다.

⑤ 읍·면위원회로부터 제출받은 농어촌기본소득 지급대상자에 대해 심의한 후 군(읍·면장을 포함한다)에 심의결과를 제출한다.

제13조(위원회 운영)

① 마을위원회, 읍·면위원회, 군위원회는 각각 1명의 위원장과 부위원장을 두고, 위원장 및 부위원장은 위원 중에서 호선한다.

② 군수는 위원회 위원이 다음 각 호의 어느 하나에 해당하는 경우에는 위촉을 해제할 수 있다.

  1. 위원의 임무를 성실히 수행하지 아니한 경우

2. 품위를 손상시켜 위원으로서 적합하지 아니하다고 인정되는 경우

3. 제척, 기피 회피 등의 사유가 있음에도 불구하고 회의에 참여하여 위원회 의결의 공정성을 해친 경우

4. 그 밖의 사정으로 인하여 위원의 임무를 수행할 수 없다고 판단되는 경우

③ 위원회의 정기회는 연 1회 개최하고, 위원장이 필요하다고 인정하는 때 또는 재적위원의 3분의 1 이상의 요구가 있을 때 임시회를 소집한다.

④ 위원회의 회의는 재적위원 과반수의 출석으로 개의하고 출석위원 과반수의 찬성으로 의결한다.

⑤ 위원장이 부득이한 사유로 직무를 수행할 수 없을 때에는 부위원장이 그 직무를 대행한다.

제14조(지급신청)

① 농어촌기본소득을 지급 받으려는 주민은 매년 농어촌기본소득 사업 신청서와 구비서류를 첨부하여 주소지 읍·면장에게 제출하여야 한다.

② 농어촌기본소득 지급 대상자로 확정된 자가 그 자격에 변동이 있을 경우에는 지체 없이 읍·면장에게 서면으로 변동사항을 제출하여야 한다.

③ 농어촌기본소득 지급신청 및 변경과 관련된 세부사항은 군수가 정한다.

제15조(위원회간 협력) 제9조 및 제10조, 제11조에도 불구하고 농어촌기본소득 신청자의 주소와 소재지 주소가 달라 주민 확인이 어려운 경우, 군수가 정하는 바에 따라 주소지 마을위원회 또는 읍·면위원회에서 소재지 마을위원회 또는 읍·면위원회에 지급대상자 조건 충족 여부에 대한 확인을 요청할 수 있다.

제16조(지급 중지 및 환수)

① 군수는 다음 각 호의 어느 하나에 해당되는 경우에는 농어촌기본소득의

지급을 중지하여야 한다.

1. 지급대상자가 수령을 거부하였을 경우

2. 지급대상자의 사망, 다른 지역으로의 전출, 주민등록 말소 등의 사실이 확인되었을 경우

3. 지급 대상에 해당되지 않는 사람에게 지급한 경우

4. 그 밖에 부정한 방법으로 지급을 받았을 경우

② 제1항 제2호부터 제4호까지에 해당되는 사람에게 지급된 것이 확인되는 경우 「지방재정법」 제32조의 8에 따라 반환 요구 등 필요한 조치를 하여야 한다.

제17조(시행규칙) 이 조례의 시행에 관하여 필요한 사항은 규칙으로 정한다.

부칙

이 조례는 공포한 날부터 시행한다.

상위법 원문

1. 헌법 2장 (국민의 권리와 의무) 34조 1항 모든 국민은 인간다운 생활을 할 권리를 가진다. 2항 국가는 사회보장, 사회복지 증진에 노력할 의무를 진다. 9장 (경제) 119조 2항 국가는 균형 있는 국민경제의 성장 및 안정과 정당한 소득 분배를 유지한다.

2. 농업 농촌 및 식품산업 기본법 제49조 (지역 간의 소득 균형) 국가와 지방 자치 단체는 도시와 농촌 간의 소득격차의 해소 등 도시와 농촌의 균형발전을 위하여 농촌 주민의 소득 증대 및 삶의 질 향상 등에 필요한 정책을 세우고 시행하여야 한다.

참조

「주민조례발안에 관한 법률」 제5조 제3항에 따른 18세 이상 주민 총수및 연수

주민 현황(2022.01.13.부터 적용/ 진도군).

(2021. 12. 31. 현재 / 단위 : 명)

18세 이상 주민(A)	18세 이상 주민 중 선거권이 없는 자(B)	외국인(C)	청구권자 총수 (D=A−B+C)	연서 주민 수
26,883	33	18	26,868	1,344

※연서 주민 수: 18세 이상 선거권이 있는 주민(청구권자) 총수의 1/20 이상
「진도군 주민조례발안에 관한 조례」.

【경기도 농촌기본소득 시범사업에 관한 조례】

(제정) 2021-11-02 조례 제 7226호

제1조(목적) 이 조례는 경기도 농촌기본소득 정책에 대한 사전 예측·분석을 위하여 농촌기본소득 시범사업의 실시에 관한 사항을 정함을 목적으로 한다.

제2조(정의) 이 조례에서 "농촌기본소득"이란 「농업·농촌 및 식품산업 기본법」 제3조 제5호 가목 중 경기도 내 면 지역에 거주하는 주민에게 「경기도 기본소득 기본 조례」 제2조 제1호에 따른 기본소득을 지급하는 것을 말한다.

제3조(다른 조례와의 관계) 경기도 농촌기본소득 시범사업(이하 "시범사업"이라 한다)에 대해서는 다른 조례에 특별한 규정이 있는 경우를 제외하고는 이 조례에 따른다.

제4조(도지사의 책무) 경기도지사(이하 "도지사"라 한다)는 시범사업을 통해 농촌기본소득 정책의 효과와 농촌사회에 기여하는 바를 정확히 분석하여 정책에 반영할 수 있도록 노력하여야 한다.

제5조(시범사업 계획수립) 도지사는 시범사업을 실시하려는 경우에는 다음 각 호의 사항이 포함된 계획을 수립하여야 한다.

1. 시범사업의 목표·전략

2. 소요예산 및 재원조달

3. 시범사업 지역(이하 "시범지역"이라 한다) 선정기준

4. 시범사업 성과측정

5. 시범사업 평가 결과의 활용

제6조(시범사업 심의·자문) 도지사는 「경기도 기본소득 기본 조례」 제7조에 따른

기본소득위원회(이하 "위원회"라 한다)에 다음 각 호의 사항에 대하여 심의 또는 자문을 요청할 수 있다.

1. 제5조에 따른 계획수립 및 변경

2. 그 밖에 도지사가 시범사업추진에 필요하다고 인정하는 사항

제7조(지역 선정방법)

① 도지사는 제5조 제3호에 따라 시범지역 선정 시 시·군의 신청을 받아 시범사업을 실시할 면의 인구수, 연령별 분포 등을 고려하여 시범지역을 선정하여야 한다.

② 도지사는 시범사업의 성과 측정을 위해 농촌기본소득은 지급하지 않고 평가지표에 따라 조사만 하는 주민(이하 "비교주민"이라 한다)을 선정할 수 있다.

제8조(지급대상 및 지급금액 등)

① 농촌기본소득 지급대상은 도지사가 정하는 기준과 조건을 갖추고 시범사업에 참여하는 다음 각 호의 사람을 대상으로 한다.

1. 「주민등록법」 제6조 제1항에 따라 경기도에 주민등록을 두고 있는 사람

2. 「출입국관리법」 제31조에 따라 경기도를 국내체류지로 하여 외국인등록이 되어 있는 사람

3. 「재외동포의 출입국과 법적 지위에 관한 법률」 제6조에 따라 경기도를 국내거소지로 하여 국내거소신고가 되어 있는 사람

② 시범지역 주민에게 지급되는 농촌기본소득의 규모는 위원회의 심의·자문 결과 등을 반영하여 예산의 범위에서 도지사가 결정한다.

③ 제2항에 따른 지급은 현금 또는 「경기도 지역화폐의 보급 및 이용 활성화에 관한 조례」 제2조에 따른 지역화폐(이하 "지역화폐"라 한다) 등으로 할

수 있다.

④ 비교주민의 선정은 시범지역 선정기준을 고려하여 결정하되, 해당 주민에게 현금, 지역화폐, 상품 등의 사례금품을 지급할 수 있다.

⑤ 농촌기본소득 지급과 비교지역 주민 사례금품 지급 등은 시장·군수를 통하여 교부할 수 있다.

제9조(신청 및 신청서류)

① 이 조례에 따른 농촌기본소득을 지급 받으려는 사람은 경기도 농촌기본소득 시범사업 지원신청서를 주소지 관할 시장·군수에게 제출하여야 한다.

② 제1항에 따른 지원신청서를 제출받은 시장·군수는 「전자정부법」 제36조 제1항의 행정정보의 공동이용 원칙에 따라 다음 각 호의 서류를 확인하여야 한다. 다만, 신청인이 확인에 동의하지 않는 경우 해당 서류를 신청인이 직접 제출하여야 한다.

1. 주민등록등·초본(병역 정보를 포함한다)

2. 가족관계증명서

3. 출입국에 관한 사실 증명서

4. 국민기초생활수급자 증명서(해당자에 한정한다)

5. 외국인등록사실증명서(외국인에 한정한다)

6. 국내거소사실증명서(외국인에 한정한다)

제10조(시범사업 평가)

① 도지사는 시범사업 정책의 효과를 분석하기 위하여 평가지표를 개발하고 이에 따라 평가하여야 한다.

② 도지사는 시범지역 주민과 비교주민 등에 대한 교육 및 홍보 등을 시행할

수 있다.

③ 도지사는 시범사업 결과를 기본소득 사업 시행의 기초자료로 활용할 수 있다.

제11조(시·군의 재정부담 등)

① 도지사는 시범지역으로 선정된 해당 시장·군수에게 시범사업이 원활히 진행될 수 있도록 농촌기본소득 지급에 소요되는 비용의 일부를 부담하게 할 수 있다.

② 경기도와 시·군의 재정분담 비율은 제7조에 따른 신청 접수 공고 시 도지사가 제시하여야 한다.

③ 제2항에도 불구하고 시장·군수는 필요한 경우 추가적인 재정 부담을 할 수 있으며, 이 경우 도지사와 협의하여 결정하여야 한다.

④ 시장·군수는 시범사업 신청 접수 및 농촌기본소득의 지급 등에 필요한 행정적 지원을 하여야 한다.

⑤ 시범사업 추진을 위해 시장·군수는 시범사업에 참여하는 주민 등으로 구성하는 협의체를 운영할 수 있으며, 협의체 운영에 필요한 경비를 부담할 수 있다. 이 경우 필요한 경비 중 일부를 도지사에게 지원 요청할 수 있다.

⑥ 제5항에 따라 경비지원을 요청받은 경우, 도지사는 예산의 범위에서 지원할 수 있다.

제12조(시범사업 지원 시스템 구축·운영) 도지사는 시범사업 참여주민과 비교주민의 정보관리 및 식별을 위한 지원시스템 등을 구축·운영할 수 있다.

제13조(조사 및 평가 등 업무의 위탁) 도지사는 제10조에 따른 평가지표 개발·평가와 제12조에 따른 시범사업 지원 시스템 구축·운영 및 그 밖에 도지사가

필요하다고 인정하는 사업은 관련 법인 또는 단체에 위탁할 수 있다.

제14조(지급 중지 및 환수 조치)

① 도지사는 다음 각 호의 어느 하나에 해당되는 경우에는 시범사업 참여 주민(비교주민을 포함한다)에게 지급되는 재정 지원을 중지하여야 한다.

1. 지급대상자가 수령을 거부했을 경우

2. 지급대상자의 사망, 다른 지역으로의 전출, 주민등록말소 등의 사실이 확인되었을 경우

3. 지급대상에 해당되지 않는 사람에게 지급한 경우

4. 그 밖의 부정한 방법으로 지급을 받았을 경우

② 제1항 제2호부터 제4호까지에 해당하는 사람에게 지급된 것이 확인되는 경우 잘못 지급된 금액을 지체 없이 환수하여야 한다.

제15조(지원금의 관리 등) 지원대상자에게 지급하는 지원금의 신청·교부·정산 및 사후관리 등 이 조례에서 정하지 아니한 사항은 「경기도 지방보조금 관리 조례」가 정하는 바에 따른다.

제16조(중복지원 금지) 도지사는 제8조 제1항에 따른 지급대상이 다른 조례에 따라 지급하는 기본소득을 받은 경우에는 중복지원을 할 수 없다. 다만, 「경기도 재난기본소득 지급 조례」에 따라 지급되는 재난기본소득은 제외한다.

제17조(시행규칙) 이 조례의 시행에 필요한 사항은 규칙으로 정한다.

부칙 〈2021.11.02.〉

이 조례는 공포한 날부터 시행한다.

【전라남도의회 이규현 의원 5분 발언】

인구 2,000명 미만의 소멸위험 지역에 농어촌 기본소득 실시하자!

존경하고 사랑하는 도민 여러분!

서동욱 의장님과 선배 동료 의원 여러분!

김영록 지사님과 김대중 교육감을 비롯한 공직자 여러분!

대나무와 인문학의 고장 담양 출신 이규현 의원입니다.

본격적인 지방자치가 시행된 지 30여 년이 지났지만 여전히 지방은 소외됨을 넘어 소멸의 위기에 직면해 있습니다. 우리의 현실을 보면 수도권은 전체 국토의 12%를 차지하고 있지만 총인구의 50.3%, 청년인구의 55%, 일자리의 50.5%, 그리고 1,000대 기업의 86.9%가 집중되어 있는 실정입니다.

한국고용정보원의 분석에 의하면 전국 228개 시·군·구 중 소멸위험지역이 2015년 80곳이던 것이 2022년에는 113곳(49.6%)으로 늘어 지방소멸의 심각성을 보여주고 있습니다.

정부는 지방소멸 위기에 대응하여 특별법을 제정하고 이에 대한 지원방안을 강구하고 있습니다만 24명으로 구성된 평가단이 투자계획서를 평가하여 차등 지급함으로써 기존 재정지원 방식과 차별성이 없고 전국 122개 지자체가 1,691건에 이르는 투자계획서를 제출했는데 모두 대외비로 취급하면서 밀실 평가 논란도 있습니다. 또한 매년 기금의 운용성과를 분석하기 때문에 단기 성과에 집중하는 보여주기식 사업에 치중할 수밖에 없다는 점이 지적됩니다.

애써 마련된 지방소멸기금이 하드웨어 구축 사업으로 성과 없이 끝나서는 안 됩니다. 지방소멸기금이 보다 효율적으로 사용될 수 있는 방법을 찾아야 합니다.

우리 전남의 경우 2022년과 2023년 할당된 882억 광역기금으로 시행하는 거의 대부분의 사업이 건축 및 인프라 구축입니다. 그런데 지금 각 시군에는 농촌중심지활성화사업, 도시재생사업 등등 각종 공모사업으로 공공건물들이 크게 늘어나고 있습니다. 그럼에도 불구하고 이렇게 또 건축에 지방소멸 기금 대부분이 충당되고 있는데 향후 운영비 등 많은 비용이 우려되고 있는 상황입니다.

그동안에도 지방소멸을 해소하기 위한 많은 사업이 진행되었지만 모두 한계가 있었습니다. 이제 토목, 건축 위주의 전시형 사업을 지양하고 실질적인 소득의 지원과 이를 통한 지역 내부의 경제적 순환구조를 활성화시켜야 합니다. 그런 대안으로 저는 지역에 사는 모든 주민에게 매월 일정액을 지급하는 농어촌기본소득을 시범적으로 실시할 것을 강력히 요청합니다.

지난 2019년 우리나라는 개발도상국 지위를 포기하고 선진국 대열에 당당히 올라섰습니다. 하지만 향후 열리게 될 WTO 협상에서 농업에 대한 보조금 지원이 대폭 제약받게 됩니다. 이런 부분에 대응하기 위해서라도 WTO 협상에서 제외되는 지역균형발전 차원에서의 농어촌 기본소득이 필요한 것입니다.

경기도의 경우 연천군 청산면에 매월 15만 원의 기본소득을 지급하는 시범사업이 진행되고 있는데 불과 5개월 사이에 7% 정도 인구가 증가되고 있는 걸로 파악되고 있습니다.

우리 전남의 면 단위 인구현황을 살펴보면 2,000명 미만의 면이 무려 66개나 됩니다. 이 가운데 1,000명 미만의 면도 6개에 이르고 있습니다.

본 의원은 소멸위험 지역으로 분류된 16개 군의 2,000명 미만 면을 대상으로 농어촌기본소득을 시범적으로 실시해 볼 것을 강력히 요청하는 바입니다. 이에 해당되는 인구는 대략 3만 명 정도로 한 달에 1인당 15만 원의 기본소득을 준다고 하더라도 연간 약 540억 정도가 소요되게 되는데 이는 지방소멸기금으로 충당하고도 남는 금액입니다.

이렇게 소멸위기에 처한 2,000명 미만의 면에 시범사업을 통해 그 효과를 충분히 분석하고 지방소멸을 극복할 대안으로 농어촌기본소득의 전면적인 확대 실시를 중앙정부에 요구할 필요가 있습니다.

사실 지방소멸은 경제발전과정에서 농어촌의 젊은 인력이 대거 유출되면서 발생한 문제라 중앙정부가 정책을 시행해야 하지만 우선 절박한 우리가 먼저 시행하고 중앙정부에 촉구해야 할 필요가 있습니다. 전남이 시작하면 경북, 전북, 충남 등지로 확대되어 전국적인 이슈를 만들고 정책으로 확산될 것입니다

존경하는 서동욱 의장님과 선배동료의원 여러분
김영록 지사님과 김대중 교육감을 비롯한 공직자 여러분
생명의 땅 으뜸 전남은 주민이 존재할 때 생명이 있습니다.
주민들이 최소한의 생존을 영위하고 소멸위기에 처한 우리 전남의 행복한 미래를 위해 농어촌기본소득이 반드시 실현될 수 있도록 모두 함께 노력합시다.
끝까지 경청해 주셔서 감사합니다.

2023년 9월 29일

[제365회 임시회]

【전남도의회 박선준 의원 건의안】

꿈과 희망을 주는 역동적인 전남도의회를 이끌고 계시는 김한종 의장님과 선배·동료 의원 여러분!

생명의 땅, 으뜸 전남을 위해 애쓰시는 김영록 도지사님과 모두가 소중한 혁신 전남 교육을 위해 수고하시는 장석웅 교육감님을 비롯한 관계 공무원 여러분!

안녕하십니까?

우주항공 수도의 메카, 지붕 없는 미술관 고흥 출신 박선준입니다.

지금부터 의안번호 제1605번 '농어촌기본소득' 전면시행 촉구 건의안에 대해 제안 설명 드리겠습니다.

먼저 제안 이유를 말씀드리겠습니다.

현재 농어촌에선 아기 울음소리가 끊기고 학교는 사라지고 청년은 도시로 떠나 노인만 남은 마을엔 주인 떠난 빈집만 덩그러니 수년째 방치되고 있습니다.

도시는 모여드는 청년들로 경쟁에 몸살을 앓고 있으며 경쟁에서 탈락하는 청년이 생기면서 실업난과 주거난, 비혼·만혼 증가와 출산율 감소 등 사회적 비용 증가로 이어지고 있습니다.

또 청년들이 떠나 노인만 남은 농어촌은 소멸 위기를 맞고 있고 농사 규모 2.0ha 미만의 농가에선 생산한 농산물로 얻은 농업소득이 1년 생활가계비의 절반도 충당되지 못하고 있어 실로 참담한 현실을 겪고 있습니다.

농림어업은 기후 위기, 식량 위기, 지역소멸 위기 시대에 단순히 먹을거리 생산

만이 아닌 식량안보, 국토·환경 보전, 일자리 유지와 창출은 물론 국민정서함
양, 휴양공간의 제공, 전통역사·문화의 계승과 지역경제·사회의 유지 및 활성
화 등 다원적 기능을 통한 공익적 가치를 창출하고 있습니다.

또 농어촌은 건강한 토양을 이용하여 대기 중의 온실가스를 감축하는 중요한
탄소흡수원 역할을 하며 공간과 자원을 활용한 태양광, 풍력, 바이오매스 등 친
환경적이고 농촌 친화적인 재생에너지의 보고이며 농민의 농업 활동과 농어촌
지킴이 활동 등을 통해 얻는 공익적 가치는 최대 166조 원까지 평가를 받고 있
습니다. 그러나 많은 공익적 가치를 생산하고 있음에도 불구하고 제대로 보상
받지 못하고 있는 것이 현실입니다.

더욱이 이러한 상황에서 정부는 지난 2019년 개발도상국 지위를 포기함으로
써 농업에 대한 보조금이나 관세의 철폐를 강요받게 되는 상황이고 최근에는
CPTPP 포괄적, 점진적 환태평양경제동반자 협정까지 가입을 앞두고 있어 국
내 농업생산 기반이 무너질 위기 상황에 처해 있습니다.

이러한 국제적인 현실 속에서 지속 가능한 농어업을 실현해 내고 식량주권을
쟁취하기 위해서는 농어업에 대한 지원과 별개로 지역균형발전과 복지적 측면
의 농어촌기본소득이 더욱 절실히 요구되고 있는 것입니다.

농어촌의 소멸을 막고 농어촌을 살리는 것은 농어촌주민만을 위한 과제가 아니
라 지역경제와 지역균형발전의 핵심과제이며 정부가 공동 대응해야 할 국정의
핵심과제인 것입니다. 따라서 정부는 지역개발사업 예산 등을 전반적으로 점검
하여 농어촌 주민들에게 국토·환경·문화·지역 지킴이로서 기본수당을 지급하
여 농어촌 주민의 생활을 안정시키고 농어업과 농어촌이 지속 가능한 발전을

할 수 있도록 해야 할 것입니다.

존경하는 선배 의원님 여러분!

농어촌기본소득을 농어민뿐만 아니라 농어촌 주민 모두에게 기본소득을 지급하여 농어촌 지역경제를 살리고 수도권을 비롯해 도시의 인구과밀화 문제를 해소시켜 엄청난 사회적 비용을 절감하여 비수도권과 도시가 함께 살아나게 하는 마중물이 되고 전국민기본소득으로 나아가는 첫걸음이 될 수 있도록 본 건의안을 원안대로 심사·의결하여 주실 것을 부탁드립니다.

이상으로 제안 설명을 마치겠습니다.

감사합니다.

2022년 2월 23일

[제359회 임시회 제2차 본회의]

‘농어촌기본소득’ 전면 시행 촉구 건의안

【전라북도의회 농촌기본소득 시행 촉구 건의안】

농업은 국민의 생명유지와 식량안보에 필수적인 국가 기간산업이자 생명산업
이며 국토의 환경보전, 지역사회 유지, 전통문화의 보존 등 경제·환경·문화적
인 측면에서 다양한 공익적 기능을 수행하고 있다.

그러나 급속한 개방화와 산업화에 밀려 우리 농업은 끊임없이 차별받고 소외당
해 왔으며 농가인구 감소와 고령화, 농가소득 감소 등으로 농업·농촌 기반이 흔
들리고 농민들은 생존권마저 위협받는 지경에 이르게 되었다.

농가인구는 90년대 이후 연평균 약 3%씩 지속적으로 줄어들고 있는 가운데 고
령화 역시 빠른 속도로 증가하면서 전국 기초 지자체의 40%가 넘는 지역이 소
멸 위기에 직면하고 있다.

농민이 농업경영활동에서 얻은 농업소득은 지난 20년간 천만 원 수준에 머물
러 있으면서 도시근로자 가구소득 대비 농가소득 비율은 2003년 75%에 비해
2018년 65%로 하락해 도농 간 소득격차가 심화되고 있는 실정이다.

이에 정부는 1995년 WTO 체제 진입 이후 농산물 시장개방으로 인해 농업 전
반에 더욱 큰 타격을 입게 될 것을 우려해 농가경영 및 소득 안정화를 위한 대
규모 예산을 농정에 투입해 왔다.

또한 농업·농촌이 갖는 공익적 가치를 인정하고 이를 지키기 위해 2020년부터
는 전국 광역 시·도 최초로 전라북도가 농민공익수당을 지원한 데 이어 각 지
자체에서 앞다퉈 농가 단위 공익수당을 지급하고 있다.

전라북도의 경우 약 118,800호에 이르는 농어가에 연 60만 원의 공익수당을

지급하고 있는데 다른 지자체와 마찬가지로 '농민' 개개인이 아닌 '농가' 단위로 지급하고 있어 실제 농업에 종사하면서도 제대로 보상을 받지 못하는 농민이 전체의 절반 이상을 차지하고 있는 실정이다.

이처럼 중앙정부를 비롯해 각 지역에서 농정에 많은 예산을 쏟아붓고 있지만 급감하는 농촌인구와 고령화, 농가소득 감소, 도농 격차와 농촌 양극화 심화 등 농촌의 총체적인 몰락은 여전히 해결되지 않고 있다.

그리고 그동안 정부가 농정에 지원한 예산이 소수의 대농에게 주로 투입되거나 매년 투입되는 예산의 규모에 비해 실제 농가에 직접 전달되는 예산이 적어 형평성과 실효성 측면에서 농가지원 예산에 대한 재점검이 필요하다는 지적도 제기되고 있다.

따라서 이제는 농업·농촌에 대한 지원과는 별개로 농업을 근본적으로 공공재 또는 필수재로 인정하고 이를 지키는 농민의 생존권을 보장하기 위해, 그리고 농촌 지역의 소멸을 막고 농업·농촌을 살리기 위해 항시적인 농촌기본소득을 적극 도입해야 한다.

이미 경기도는 2022년부터 연천군 청산면에 살고 있는 모든 주민에게 매월 15만 원을 지역화폐로 지원하는 '농촌기본소득' 시범사업을 실시하고 있는데, 사업 시행 5개월 동안 청산면 주민이 7%가량 증가했으며 음식점, 숙박업소 등 지역화폐 사용가맹점 12개소가 신규로 등록돼 인구유입과 지역경제 활성화에 긍정적인 영향을 끼치는 것으로 나타났다.

농촌 지역에 살고 있는 주민 모두에게 기본소득을 지급하는 것은 소멸 위기에 처한 농촌을 살리고 농가인구를 유지하는 것은 물론이고 소득지원의 실효성과 계층 간 형평성 제고, 도시와 농어촌의 소득 불균형을 해소하는 데 유력한 정책 대안이 될 것이다.

또한 농촌 지역의 소멸을 막고 농업·농촌을 살리는 것은 농촌 주민만의 과제가 아니라 지역경제와 지역균형발전의 핵심과제이며 정부가 공동 대응해야 할 국정 핵심과제이다.

이에 전라북도의회 의원 일동은 소멸 위기에 처한 농촌을 살리고 농민의 생존권을 보장하기 위해 국가가 나서서 농촌에 살고 있는 주민 모두에게 농촌기본소득을 지급할 것을 강력히 촉구한다.

2023년 2월 13일

전라북도의회 의원 일동

긴급의안 제출 및 본회의 직접 부의 사유서

○ 농업은 국가 기간산업이자 생명산업이며 다양한 공익적 기능을 수행하고 있으나 급속한 개방화와 산업화에 밀려 끊임없이 차별받고 소외당해 왔으며 농가인구 감소와 고령화, 농가소득 감소 등으로 농업·농촌 기반이 흔들리고 농민들은 생존권마저 위협받게 됨.

○ 이에 정부는 농가경영 및 소득 안정화를 위해 대규모 예산을 농정에 투입해 왔으며, 2020년부터는 전라북도를 비롯한 각 지자체에서 농가단위 공익수당을 지급하고 있음.

○ 그럼에도 불구하고 농촌의 총체적인 몰락은 여전히 해결되지 않고 있으며 정부가 농정에 지원한 예산에 대한 형평성과 실효성에 대한 지적이 제기되고 있음.

○ 따라서 이제는 농업을 근본적으로 공공재 또는 필수재로 인정하고 이를 지키는 농민의 생존권을 보장하기 위해 그리고 농촌 지역의 소멸을 막고 농업·농촌을 살리기 위해 항시적인 농촌기본소득을 적극 도입해야 함

○ 이미 경기도 연천군 청산면에서는 2022년부터 농촌기본소득 시범사업을 실시하고 있는데, 인구유입과 지역경제 활성화에 긍정적인 영향을 끼치는 것으로 나타남.

○ 이에 전라북도의회 의원 일동은 소멸 위기에 처한 농촌을 살리고 농민의 생존권을 보장하기 위해 국가가 나서서 농촌에 살고있는 주민 모두에게 농촌기본소득을 지급할 것을 강력하게 촉구하는 바임.

 이에 '농촌기본소득 시행 촉구 건의안'을 제397회 임시회 제1차 본의에서 처리하고자 「전라북도의회 회의 규칙」 제12조제4항 및 제14제7항에 따라 사유서를 제출합니다.

2023년 2월 10일

대표발의자 : 농산업경제위원회　권 요 안　의 원 (인)

협 의 자 : 농산업경제위원회　나 인 권　위원장 (인)

협 의 자 : 운 영 위 원 회　김 정 수　위원장 (인)

협 의 자 : 전 라 북 도 의 회　국주영은　의 장 (인)

【농어촌기본소득 전면시행 촉구 건의문】

지금 농어촌은 아기 울음소리가 끊기고, 학교가 사라지고, 문방구가 사라지고, 버스가 사라졌다. 청년은 떠나고 노인만 남은 마을은 소멸 위기를 현실로 마주하고 있다.

1993년 농산물 시장 개방 협정 이전에는 도시근로자 가구소득 대비 농가소득 비율이 약 90%이었으나, 2000년엔 80.5%, 2010년 66.8%, 2019년 61.8%까지 하락하였다.

청년들은 더 나은 일자리와 교육을 위해 수도권으로 모여들고 있다.
수도권에 집중된 청년들로 인해 경쟁이 심화되고, 미래에 대한 불안증가로 만혼과 비혼, 그리고 출산율의 급락을 초래하고 있다. 청년들이 떠난 농어촌은 소멸의 위기를 맞고 있고, 농사 규모 2.0ha 미만의 농가는 생산한 농산물로 얻는 농업소득으로는 1년 생활에 필요한 가계비의 절반도 충당하지 못한다.

기후 위기, 먹을거리 위기, 지역소멸 위기 시대에 농림어업은 단순히 먹을거리 생산만이 아니라 식량안보, 국토·환경 보전, 대기정화, 홍수조절, 지하수 함양, 일자리 유지와 창출은 물론, 인성함양, 보건휴양공간, 전통역사·문화의 보전과 지역경제·사회의 유지와 활성화 등 다원적 기능을 통한 공익적 가치를 창출하고 있다. 농어촌은 기후 환경의 위기 앞에 자연과 환경을 지켜 온실가스를 감축하는 탄소흡수원이자 재생에너지의 근원이다.

공익적 가치에 대한 평가는 학자에 따라 편차가 있으나 최대 166조 원까지 평가된다. 이처럼 농민의 농업 활동 및 농어촌 지킴이 활동 등을 통해 많은 공익적 가치를 생산하고 있음에도 불구하고 제대로 보상받지 못하고 있는 것이 현실이다.

더욱이 이러한 상황에 정부는 지난 2019년 개발도상국 지위를 포기함으로써 농업에 대한 보조금이나 관세의 철폐를 강요받게 되는 상황이고 최근에는 CPTPP(포괄적, 점진적 환태평양경제동반자 협정)까지 가입을 앞두고 있어 국내 농업생산 기반이 무너질 상황에 처해 있다.

이러한 국제적인 현실 속에서 지속 가능한 농어업을 실현해 내고 먹거리 주권을 쟁취하기 위해서는 농어업에 대한 지원과는 별개로 지역균형발전과 복지적 측면에서 '농어촌기본소득'이 더욱 절실히 요구되고 있다.

농어촌의 소멸을 막고, 농어촌을 살리는 것은 농어촌 주민만의 과제가 아니라 지역경제와 지역균형발전의 핵심과제이며, 정부가 공동 대응해야 할 국정의 핵심과제이다. 따라서 정부는 지역개발사업 예산 등을 전반적으로 점검하여 농어촌주민들에게 국토·환경·문화·지역 지킴이로서 기본수당을 지급하여 농어촌 주민의 생활을 안정시키고 농어업과 농어촌이 지속 가능한 발전을 할 수 있도록 해야 할 것이다.

'농어촌기본소득'은 농어민뿐만 아니라 농어촌 주민 모두에게 기본소득을 지급하여 지역경제를 살리고 수도권을 비롯한 도시의 인구 과밀화로 인한 엄청난 사회적 비용을 절감하여 비수도권과 도시가 함께 살아나게 하는 마중물이며, 전 국민 기본소득으로 나아가는 첫걸음이다.

이에 전남도의회는 다음의 사항을 강력히 촉구하는 바이다.

하나. 정부와 국회는 농어촌 주민 모두에게 기본소득을 지급함으로써 도시와 농어촌의 소득 불균형을 해소하고 농어촌 지방소멸의 위기를 극복하는 토대를 마련하라.

하나. 농민들에게 농산어촌 국토환경 및 생태계를 보전하여 기후위기를 극복하고, 식량의 안정적 공급 등 공익적 가치 생산에 대한 정당한 보상을 위해 농어촌 지킴이 수당을 지급하라.

하나. 빈사 상태의 농어촌을 재생하기 위해 농어촌 주민들의 '농어촌 기본소득 보장'을 강력히 촉구한다.

2022년 2월 22일

전라남도의회 의원 일동

– 농촌기본소득 전면 시행 촉구 건의안에 대한 제안 설명 –

1. 제안이유

○ 농업은 국가 기간산업이자 생명산업이며 다양한 공익적 기능을 수행하고 있으나 급속한 개방화와 산업화에 밀려 끊임없이 차별받고 소외당해 왔으며 농가인구 감소와 고령화, 농가소득 감소 등으로 농업·농촌 기반이 흔들리고 농민들은 생존권마저 위협받고 있음.

○ 그동안 농가경영 및 소득 안정화를 위해 대규모 예산을 투입해 왔고 2020년부터는 각 지자체에서 농가 단위 공익수당을 지급하고 있으나 농촌의 총체적인 몰락은 여전히 해결되지 않고 있음

2. 주요내용

○ 소멸 위기에 처한 농촌을 살리고 농민의 생존권을 보장하기 위해 정부가 나서서 농촌에 살고 있는 주민 모두에게 농촌기본소득을 지급할 것을 강력하게 촉구

※ [붙임] 농촌기본소득 시행 촉구 건의문(안) 참조

【전북 정읍시의회 농촌기본소득 전면 시행 촉구 건의안】

존경하는 정읍시민 여러분! 고경윤 의장님과 선배 동료 의원님, 이학수 시장님을 비롯한 공직자 여러분!

안녕하십니까? 태인·옹동·칠보·산외·산내가 지역구인 최재기 의원입니다.

지금부터 농촌기본소득 전면시행 촉구 건의안에 대한 제안설명을 드리겠습니다.

2022년 농민들의 농업소득은 1,105만 원으로 2021년보다 14.7%가 감소하였고, 20년 전인 2002년 1,127만 원보다도 낮은 수준입니다.

2022년 7월 호남지방통계청에서 발표한 자료에 따르면 전북지역 농가인구는 2020년 기준 19만 9천 명으로 50년 전에 비해 무려 88%가 급감하였습니다.

농촌 지역의 문제를 해소하기 위해 막대한 예산을 투입했음에도 뚜렷한 성과가 없는 상황으로 더 늦기 전에 농업·농촌의 공익적 가치를 지키기 위한 특단의 대책이 필요합니다.

경기도는 2022년부터 연천군 청산면에 살고 있는 모든 주민에게 지역화폐로 매월 15만 원씩 지급하고 농촌기본소득 시범사업을 시행하고 있으며, 농촌기본소득을 지급한 이후 인구가 유입되는 긍정적인 효과를 가져왔습니다.

따라서 농업·농촌의 공익적 가치를 지키기 위해 농촌기본소득의 전면시행을 촉구하고자 건의안을 준비하게 되었습니다.

그러면 건의안을 낭독하도록 하겠습니다.

- 건의안 -

한국농촌경제연구원에 따르면 2022년 농민들의 농업소득은 1,105만 원으로 감소하였다.

이는 2021년 1,296만 원 대비 14.7%가 감소한 것으로 20년 전인 2002년 1,127만 원보다도 낮은 수준이다.

또한 2022년 7월 호남지방통계청에서 발표한 '농림어업총조사로 본 전북 농어업 변화상'에 따르면 전북지역 농가인구는 2020년 기준 19만 9천 명으로 50년 전에 비해 무려 88%가 급감하였으나 농촌 지역의 인구감소 및 고령화, 농가소득 감소, 수도권과 대도시 위주의 발전으로 생긴 도시와 농촌 간의 격차 문제들로 인한 농촌의 소멸 위기는 어제오늘 일이 아니다.

정부와 각 지자체에서도 이러한 농촌 위기를 극복하고자 막대한 예산을 투입하면서 여러 농업·농촌 살리기 사업들을 진행하고 있으나, 무너지는 농촌 현실을 막지 못하고 있다.

더 이상 늦기 전에 농업·농촌의 공익적 가치를 지키기 위한 특단의 대책이 필요하다.

2022년 경기도에서는 경기도 농촌기본소득 시범사업을 시행, 전국 최초로 연천군 청산면을 농촌기본소득 시범 마을로 지정하고 청산면 주민 모두에게 5년간 1인당 월 15만 원씩 지역화폐로 지급하고 있다.

청산면이 시범 마을로 지정된 2021년 12월 말 청산면의 인구는 3,895명이었으나 올해 1월 말 기준 4,237명으로 342명이 증가했다.

연천군 청산면의 사례와 같이 농촌 지역 주민 모두에게 기본소득을 지급함으로 써 농촌이 유지될 수 있는 인구의 유입이 확대되고 인구의 유입이 확대됨으로 써 도농 격차 해소를 기대할 수 있다.

또한 농촌기본소득은 지역경제 선순환 효과를 가져올 수 있으며, 농촌주민들에 게 안정된 소득을 보장함으로써 지역에 필요한 사업과 일들을 만들고 발전시키 는 등 자립과 자치의 기반을 마련할 수 있다.

이상과 같이 정읍시의회는 소멸 위기에 있는 농촌 지역을 지키고 도시와 농촌의 소득격차 해소는 물론 인구 유입을 통한 국토균형발전 수단 및 농업·농촌의 공 익적 가치를 지키기 위해 농촌기본소득의 전면시행을 중앙정부에 강력히 건의 한다.

2023년 2월 24일

정읍시의회 의원 일동

【전국시도의회장협의회 농촌기본소득 시행 촉구 건의문】

농업은 국민의 생명유지와 식량안보에 필수적인 국가 기간산업이자 생명산업이며 국토의 환경보전, 지역사회 유지, 전통문화의 보존 등 경제·환경·문화적인 측면에서 다양한 공익적 기능을 수행하고 있다.

그러나 급속한 개방화와 산업화에 밀려 우리 농업은 끊임없이 차별받고 소외당해 왔으며 농가인구 감소와 고령화, 농가소득 감소 등으로 농업·농촌 기반이 흔들리고 농민들은 생존권마저 위협받는 지경에 이르게 되었다.

이에 정부는 농가경영 및 소득 안정화를 위한 대규모 예산을 농정에 투입해 왔으며, 농업·농촌이 갖는 공익적 가치를 인정하고 이를 지키기 위해 2020년부터는 각 지자체에서 앞다퉈 농가 단위 공익수당(농민소득)을 지급하고 있으나 급감하는 농촌인구와 고령화, 농가소득 감소, 도농 격차와 농촌 양극화 심화 등 농촌의 총체적인 몰락은 여전히 해결되지 않고 있다.

따라서 이제는 농업·농촌에 대한 지원과는 별개로 농업을 근본적으로 공공재 또는 필수재로 인정하고 이를 지키는 농민의 생존권을 보장하기 위해 그리고 농촌 지역의 소멸을 막고 농업·농촌을 살리기 위해 항시적인 농촌기본소득을 적극 도입해야 할 필요가 있다.

일례로 경기도는 2022년부터 연천군 청산면에 살고 있는 모든 주민에게 매월 15만 원을 지역화폐로 지원하는 '농촌기본소득' 시범사업을 실시하고 있는데, 사업 시행 5개월 동안 청산면 주민이 7%가량 증가했으며 음식점, 숙박업소 등 지역화폐 사용가맹점 12개소가 신규로 등록돼 인구유입과 지역경제 활성화에 긍정적인 영향을 끼치는 것으로 나타났다.

농촌 지역에 살고 있는 주민 모두에게 기본소득을 지급하는 것은 소멸 위기에 처한 농촌을 살리고 농가인구를 유지하는 것은 물론이고 소득지원의 실효성과 계층 간 형평성 제고, 도시와 농어촌의 소득 불균형을 해소하는 데 유력한 정책 대안이 될 것이다.

또한 농촌 지역의 소멸을 막고 농업·농촌을 살리는 것은 농촌 주민만의 과제가 아니라 지역경제와 지역균형발전의 핵심과제이며 정부가 공동 대응해야 할 국정 핵심과제이다.

이에 대한민국시도의회의장협의회는 소멸 위기에 처한 농촌을 살리고 농민의 생존권을 보장하기 위해 정부가 나서서 농촌에 살고 있는 주민 모두에게 농촌 기본소득을 지급할 것을 강력히 촉구하는 바이다.

2023년 3월

대한민국시도의회의장협의회 회장 **김 현 기**

부산광역시의회의장	**안 성 민**	대구광역시의회의장	**이 만 규**
인천광역시의회의장	**허　　식**	광주광역시의회의장	**정 무 창**
대전광역시의회의장	**이 상 래**	울산광역시의회의장	**김 기 환**
세종특별자치시의회의장	**상 병 헌**	경 기 도 의 회 의 장	**염 종 현**
강 원 도 의 회 의 장	**권 혁 열**	충 청 북 도 의 회 의 장	**황 영 호**
충 청 남 도 의 회 의 장	**조 길 연**	전 라 북 도 의 회 의 장	**국주영은**
전 라 남 도 의 회 의 장	**서 동 욱**	경 상 북 도 의 회 의 장	**배 한 철**
경 상 남 도 의 회 의 장	**김 진 부**	제주특별자치도의회의장	**김 경 학**

【전남도교육청의 '전남학생교육수당' 지급 결정 환영 성명서】

전남교육청의 모든 초등학생 대상 '전남학생교육수당' 지급 결정을 환영한다! 이번에 전라남도에서 매우 획기적인 소식이 들려왔다. 전남교육청이 전남지역의 모든 초등학생에게 2024년 3월부터 12개월간 '전남학생교육수당' 지급을 결정했다는 것이다. 구체적인 내용으로 전라남도에서 인구소멸 위기 지역으로 지정된 16개 군 지역 초등학생에게는 1인당 월 10만 원, 그리고 나머지 6개 시군지역 초등학생에게는 월 5만 원 상당의 바우처 카드를 12개월 동안 시범적으로 지급하여 그 효과를 살펴볼 계획이라는 것이다.

'농어촌기본소득운동전국연합(이하 전국연합)'은 전남교육청이 전라남도의 모든 초등학생에게 '전남학생교육수당'을 지급하기로 한 결정을 환영한다. 전국연합은 국가균형발전과 특히 농어촌지역을 중심으로 심각해지고 있는 지방소멸위기에 대응하기 위하여 대한민국 농어촌지역에 거주하는 모든 주민에게 월 30만 원의 '농어촌기본소득' 지급 실현을 목적으로 설립된 전국 조직이다. 이번 전남교육청의 '전남학생교육수당' 지급 결정은 전국연합의 설립목적과 정확하게 일치하는 사업이다.

대한민국의 지방소멸 위기는 최근에 벌어진 일이 아니며 이를 극복하기 위하여 '인구감소지역지원특별법', '국가균형발전특별법' 등 수많은 정책과 막대한 예산이 투입되었음을 우리는 잘 알고 있다. 그러나 그 결과는 행정안전부가 전국의 229개 지방자치단체 중 무려 89개 지자체를 '인구감소지역'으로 지정할 정도로 참담했고 인구감소의 중심은 역시 농어촌지역이었다. 전국연합은 하드웨어적인 사업이나 보조금 위주의 지원으로는 지역소멸을 막을 수 없으며 결국 지역주민들의 소득을 직접 향상시키는 '농어촌기본소득'만이 가장 효과적이라는 결론을 내리고 있다. 이는 현재 경기도 연천군 청산면에서 진행되고 있는 '농촌기본소득' 시범사업의 중간결과를 통해서도 여실히 드러나고 있다.

전국연합은 전남교육청의 '전남학생교육수당' 지급이 지역소멸위기를 극복하는 가장 효과적인 대안 중의 하나라고 확신한다. 그러나 보완할 점도 없지 않다. 전남교육청은 전라남도 16개 군지역에는 월 10만 원을 지급하고 나머지 6개 시군에는 월 5만 원을 지급하겠다고 결정했다. 이 6개 시군지역에도 소멸위기에 처한 면들이 있을 텐데 여기에는 차등 없이 월 10만 원을 지급하는 것이 정책적 타당성이 있을 것으로 판단한다. 또한 해당 지역에 저렴한 공동(임대)주택을 제공하여 가족 모두가 안락하게 거주할 수 있는 여건을 만들어 준다면 상호보완적인 정책이 될 수 있을 것이라 제안한다.

전국연합은 이번 전남교육청의 '전남학생교육수당' 지급 결정을 다시 한번 환영하고 지지한다. 그리고 이 정책이 1년에서 끝나지 않고 계속 이어져 장기적인 효과를 거두기를 기대한다. 정책의 정당성과 타당성, 그리고 그 효과성의 측면에서 보자면 지역주민들의 소득향상을 직접 지원하는 이러한 정책은 이미 시대적 대세이기 때문이다. 그리고 이를 주도하고 있는 '농어촌기본소득운동전국연합'은 '농어촌지역 모든 주민들에게 농어촌기본소득 30만 원 지급'이라는 목표를 대한민국에서 반드시 실현시킬 것을 약속한다.

2023년 9월 13일
농어촌기본소득운동전국연합